【新版】銀座のバーが教える

厳選
カクテル図鑑

監修：Cocktail 15番地　斎藤都斗武、佐藤淳

CONTENTS

カクテルとは？——8
定番カクテル33——10
"通"が選ぶおすすめの1杯——14
Barの楽しみ方——16

本書の見方——20

Part 1 カクテルの基本

■ カクテルの定義と分類——22

カクテルの分類 1　飲み干すまでの時間——22
カクテルの分類 2　温度——23
カクテルの分類 3　TPO——23
カクテルの分類 4　スタイル——24

カクテルを知る 1　酒——26
カクテルを知る 2　副材料——28
カクテルを知る 3　道具——30
カクテルを知る 4　カクテルの方程式——32
カクテルを知る 5　つくり方——34
　ビルド／ブレンド——35
　ステア——36
　シェーク——37
　スノー・スタイル／ピール／フルーツ・デコレーション——38
カクテルを知る 6　カクテルのグラス——39

Column　カクテルの歴史——42

Part 2 材料の基礎知識

■ スピリッツを知る——44

ジン——46
ウオッカ——48
ラム——50

テキーラ — 52
ウイスキー — 54
ブランデー — 55

■リキュールを知る — 56

フルーツ系／ハーブ・スパイス系 — 57
ナッツ・種子・核系／特殊系 — 58

■その他のベースを知る — 60

ワイン／ビール — 60
日本酒／焼酎 — 61

| Column | 世界のスピリッツ — 62 |

Part 3 カクテルレシピ

■ジン・ベース — 64

定番 ジン・トニック／ギムレット／マティーニ — 66,67

アースクエイク／青い珊瑚礁 — 68
アラウンド・ザ・ワールド／アラスカ — 69
アレキサンダーズ・シスター／エンジェル・フェイス — 70
オレンジ・フィズ／オレンジ・ブロッサム — 71
カジノ／カフェ・ド・パリ — 72
カンパリ・カクテル／キッス・イン・ザ・ダーク — 73
ギブソン／クラシック・ドライ・マティーニ — 74
コスモポリタン・マティーニ／ジェイ・エフ・ケー — 75
ジン・アンド・イット／シンガポール・スリング — 76
ジン・デイジー／ジン・バック — 77
ジン・フィズ／ジン・リッキー — 78
セブンス・ヘブン／ダーティ・マティーニ — 79
トム・コリンズ／ネグローニ — 80
パラダイス／ピンク・レディ — 81
ブルー・ムーン／ホワイト・レディ — 82
ミリオン・ダラー／ロングアイランド・アイスティ — 83

ウオッカ・ベース 84

定番 モスコー・ミュール／ソルティ・ドッグ／バラライカ 86, 87

アクア／ウオッカ・アップル・ジュース 88
ウオッカ・マティーニ／ウオッカ・リッキー 89
神風／キス・オブ・ファイアー 90
グリーン・シー／グリーン・スパイダー 91
コスモポリタン／ゴッドマザー 92
シー・ブリーズ／ジプシー 93
スクリュードライバー／セックス・オン・ザ・ビーチ 94
チチ／バーバラ 95
パナシェ／ブラック・ルシアン 96
ブラッディ・メアリー／フラミンゴ・レディ 97
ブルーマンデー／ブルー・ラグーン 98
ブル・ショット／ブルドッグ 99
ベイ・ブリーズ／ホワイト・スパイダー 100
ホワイト・ルシアン／マドラス 101
ミッドナイト・サン／雪国 102
ロードランナー／ロベルタ 103

ラム・ベース 104

定番 キューバ・リバー／ダイキリ／モヒート 106, 107

エックス・ワイ・ジィ／エッグノッグ 108
グリーン・アイズ／コロンブス 109
シャンハイ／スカイ・ダイビング 110
スコーピオン／ネバダ 111
バカルディ・カクテル／ハバナ・ビーチ 112
ピニャ・カラーダ／ブラック・デビル 113
ブルー・ハワイ／フローズン・ダイキリ 114
ボストン・クーラー／マイアミ 115
マイタイ／ミリオネーア 116
ラスト・キッス／ラム・コリンズ 117

| Column | 厳選"通"カクテル 1 118
ノックアウト／ラ・ルメール／ウイスキー・フロート／ブランデー・エッグ・ノッグ

■テキーラ・ベース —— 120

定番 テキーラ・サンライズ／モッキンバード／マルガリータ —— 122, 123

アイス・ブレーカー／アンバサダー —— 124
エル・ディアブロ／グラン・マルニエ・マルガリータ —— 125
コンチータ／シクラメン —— 126
ソルティ・ブル／テキーラ・サンセット —— 127
フローズン・マルガリータ／マタドール —— 128
メキシカン／ライジング・サン —— 129

■ウイスキー・ベース —— 130

定番 ラスティ・ネイル／オールド・ファッションド／マンハッタン —— 132, 133

アイリッシュ・コーヒー／ウイスキー・サワー —— 134
ウイスキー・ソーダ（ハイボール）／ウイスキー・ミスト —— 135
ウィスパー／カルフォルニア・レモネード —— 136
ケンタッキー／ゴッドファーザー —— 137
ジョン・コリンズ／ニューヨーク —— 138
ハイランド・クーラー／ハンター —— 139
ベネディクト／ホット・ウイスキー・トディ —— 140
マイアミ・ビーチ／ミント・ジュレップ —— 141

■ブランデー・ベース —— 142

定番 アレキサンダー／スティンガー／サイドカー —— 144, 145

アップル・ジャック／オリンピック —— 146
キャロル／クラシック —— 147
コープス・リバイバー／シカゴ —— 148
ジャック・ローズ／ズーム・カクテル —— 149
スリー・ミラーズ／デビル —— 150
ナイト・キャップ／ハーバード・クーラー —— 151
ハネムーン／ビトウィン・ザ・シーツ —— 152
フレンチ・コネクション／ホーセズ・ネック —— 153

リキュール・ベース —— 154

定番 ファジー・ネーブル／チャーリー・チャップリン／カルーア・ミルク —— 156, 157

【Mix系】
ユニオン・ジャック／レインボー —— 158

【フルーツ系】
アフター・ディナー／アプリコット・カクテル —— 159
アプリコット・クーラー／キューバ・リバー・シュプリーム —— 160
キルシュ・カシス／ジョージア・コリンズ —— 161
スカーレット・オハラ／スロー・ジン・フィズ —— 162
チャイナ・ブルー／ディタモーニ —— 163
パール・ハーバー／バレンシア —— 164
ピーチ・ブロッサム／ブルー・レディ —— 165
ルビー・フィズ／レット・バトラー —— 166

【ハーブ・スパイス系】
アメール・ピコン・ハイボール／アメリカーノ —— 167
カンパリ・オレンジ／カンパリ・ソーダ —— 168
グラスホッパー／ゴールデン・キャデラック —— 169
ゴールデン・ドリーム／スーズ・トニック —— 170
スプモーニ／バイオレット・フィズ —— 171
パスティス・ウォーター／ミント・フラッペ —— 172

【ナッツ・種子・核系】
エンジェル・キッス／エンジェル・ティップ —— 173
カカオ・フィズ／クランベリー・クーラー —— 174
ボッチ・ボール／ホット・イタリアン —— 175

【特殊系】
イースター・エッグ／スノー・ボール —— 176
ペシェグルト／マザーズ・タッチ —— 177

Column 厳選"通"カクテル 2 —— 178
ゴーリキー・パーク／ファンタスティック・レマン／ジャック・ター／スイート・メモリー

■ワイン・ベース ―― 180

定番 ミモザ／ワイン・クーラー ―― 181

アメリカン・レモネード／カーディナル ―― 182
キール／キール・ロワイヤル ―― 183
シャンパン・カクテル／スプリッツァー ―― 184
ベリーニ／ベルモット・アンド・カシス ―― 185

■ビール・ベース ―― 186

定番 レッド・アイ／シャンディー・ガフ ―― 187

カンパリ・ビア／ドッグズ・ノーズ ―― 188
ビア・スプリッツァー／ブラック・ベルベット ―― 189

■日本酒&焼酎・ベース ―― 190

定番 サケティーニ／ラスト・サムライ ―― 191

サムライ／薩摩小町 ―― 192
酎ティーニ／村雨 ―― 193

■ノン・アルコール ―― 194

定番 レモネード／シンデレラ ―― 196

サマー・クーラー／サラトガ・クーラー ―― 197
サンセット・ピーチ／シャーリー・テンプル ―― 198
スプリング・ブロッサム／フロリダ ―― 199

[Column] **自宅で楽しむカクテルレシピ** ―― 200

カクテル名別索引 ―― 202
問い合わせ先リスト ―― 207

Introduction

カクテルとは？

カラフルで甘いお酒？
バーでしっとり飲む、格式の高いお酒？
カクテルとは、必ずお気に入りの1杯が見つけられるお酒です。
多彩で奥深い、カクテルの世界を見ていきましょう。

▎酒 ⇒p.26

スピリッツやリキュールなど、カクテルのベースとして使用する酒と、割り材(割るもの)や風味づけのために使用する酒がある。

▎副材料 ⇒p.28

炭酸飲料やジュースなどの酒の割り材や、果汁やシロップなどの風味づけのものがある。卵や牛乳、塩なども含まれる。

道具 ⇒p.30

材料を混ぜるための道具、分量を量る道具、フルーツなどを飾るための道具などがある。

つくり方 ⇒p.34

カクテルをつくるための混ぜ方は、主にビルド、ブレンド、ステア、シェークの4つ。混ぜ方ひとつでも味わいが変わる。

氷 ⇒p.29

コールド・ドリンクのカクテルづくりには必須の材料。混ぜるときや、ロング・ドリンクのカクテルに使用する。

デコレーション ⇒p.38

グラスのフチに塩や砂糖をつけるスノー・スタイルや、フルーツの飾りなど。味わいだけでなく見た目にも華やかさを与える。

グラス ⇒p.39

カクテル・グラスを代表とする脚つきのグラスと、タンブラーなどの平底型がある。カクテルの特徴に合わせて選ぶ。

おさえておきましょう

定番カクテル33

多種多様なカクテルの中でも、
よく知られている定番カクテルを紹介します。
お店で注文に困ったら、
これらのカクテルを注文してみては
いかがでしょうか。

ジン・トニック
ジン×トニック・ウォーターが爽快なカクテル。
ジン・ベース⇒p.66

ギムレット（左）
ハードボイルド小説に登場する至高の1杯。
ジン・ベース⇒p.67

マティーニ（右）
カクテル好きを魅了するキング・オブ・カクテル。
ジン・ベース⇒p.67

トム・コリンズ
さっぱりした味わいで、誕生地ロンドンでも人気。
ジン・ベース⇒p.80

モスコー・ミュール
喉ごしのよさとさわやかな刺激が心地よいカクテル。
ウオッカ・ベース⇒p.86

スクリュードライバー
ジュースのような飲み口だが、アルコール度数が高め。
ウオッカ・ベース⇒p.94

ソルティ・ドッグ（左）
塩がきいてさっぱり飲める、スノー・スタイルの定番。
ウオッカ・ベース⇒p.87

バラライカ（右）
柑橘系の素材の組み合わせがさわやかなカクテル。
ウオッカ・ベース⇒p.87

モヒート
ミントの清涼感が身も心もリフレッシュさせてくれる。
ラム・ベース⇒p.107

キューバ・リバー（左）
ラムとコーラが爽快な味わいの親しみやすい1杯。
ラム・ベース⇒p.106

ダイキリ（右）
ライム・ジュースの酸味がラムの味わいを引き立てる。
ラム・ベース⇒p.106

マルガリータ
塩味と酸味のマッチングが心を揺さぶる1杯。
テキーラ・ベース⇒p.123

テキーラ・サンライズ（左）
ミック・ジャガーが惚れ込んだ芳醇なカクテル。
テキーラ・ベース⇒p.122

モッキンバード（右）
ミントとライムの清涼感が気分をリフレッシュさせる。
テキーラ・ベース⇒p.122

マンハッタン
世界中で愛される、カクテルの女王。
ウイスキー・ベース⇒p.133

ラスティ・ネイル（左）
歴史の深いドランブイを使った、甘みのあるカクテル。
ウイスキー・ベース
⇒p.132

オールド・ファッションド（右）
甘さと苦さを調節しながら、自分好みの味が楽しめる。
ウイスキー・ベース
⇒p.132

ウイスキー・ソーダ（ハイボール）
日本で人気の、ウイスキー×ソーダのシンプルな1杯。
ウイスキー・ベース⇒p.135

アレキサンダー（左）
まろやかでチョコレートケーキのような味わい。
ブランデー・ベース
⇒p.144

スティンガー（右）
ブランデーのコクと、ミントのさわやかさが印象的。
ブランデー・ベース
⇒p.144

サイドカー
フルーティな味わいがブランデーを飲みやすくする。
ブランデー・ベース⇒p.145

ファジー・ネーブル
ピーチとオレンジのとろりとした甘さが魅力。
リキュール・ベース⇒p.156

チャーリー・チャップリン（左）
甘酸っぱくて飲みやすい、軽やかな仕上がり。
リキュール・ベース
⇒p.157

カルーア・ミルク（右）
コーヒーとバニラの豊かな香りが心地よいカクテル。
リキュール・ベース
⇒p.157

カンパリ・ソーダ
カンパリ特有のほろ苦さと甘さが引き立つ。
リキュール・ベース⇒p.168

ミモザ（左）
上品なシャンパンとさわやかなオレンジがマッチ。
ワイン・ベース⇒p.181

ワイン・クーラー（右）
赤でも白でも楽しめる、自由度の高い1杯。
ワイン・ベース⇒p.181

レッド・アイ（左）
ビールの苦みをトマト・ジュースでさっぱりさせる。
ビール・ベース⇒p.187

シャンディー・ガフ（右）
本場イギリスで愛されるカクテル。辛さと苦みが爽快。
ビール・ベース⇒p.187

レモネード（左）
さわやかなレモンの風味が世界中で愛される。
ノン・アルコール
⇒p.196

シンデレラ（右）
3種の柑橘系ジュースが溶け合う、フルーティな1杯。
ノン・アルコール
⇒p.196

サケティーニ（左上）
日本酒とジンでつくる、和風マティーニ。
日本酒&焼酎・ベース⇒p.191

ラスト・サムライ（右上）
米焼酎を使った、サムライのように凛としたカクテル。
日本酒&焼酎・ベース⇒p.191

Introduction 13

大切な人に贈りたい

"通"が選ぶおすすめの1杯

カクテル"通"ならば、TPOや相手にぴったりな
おすすめカクテルも知っておきたいところ。
もちろんバーテンダーにおすすめを聞いてもOKです。

誕生日などのお祝いに女性へおすすめしたい

ミモザ
お祝いにぴったりな上品なシャンパンに、オレンジ・ジュースを加えたフルーティで飲みやすいカクテル。⇒p.181

アレキサンダーズ・シスター
ミントのさわやかな香りと、クリーミーな味わいが女性に好まれるジン・ベースのカクテル。⇒p.70

コスモポリタン
ウオッカ・ベースの甘酸っぱいカクテルは、おしゃれな女性に人気。都会的な華やかさも魅力。⇒p.92

シンデレラ
その名の通り、お姫様気分で楽しめるフルーティな1杯。ノン・アルコールだからお酒が苦手な女性に。⇒p.196

スマートな大人の男性におすすめしたい

マティーニ
傑作と名高いジン・ベースのカクテル。ピリッとした辛さが大人の男性に好まれる。⇒p.67

ゴッドファーザー
ウイスキー・ベースのカクテル。アーモンドの風味と濃厚なウイスキーの味わいが楽しめる。⇒p.137

サイドカー
ホワイト・キュラソーの酸味とフルーティな味わいは、ブランデー初心者でも楽しめる。⇒p.145

エックス・ワイ・ジィ
ラム・ベースでさっぱりした味わい。「これ以上おいしいカクテルはない」という自信にあふれた1杯。⇒p.108

2人の記念日に飲みたいカクテル

シャンパン・カクテル
「君の瞳に乾杯」で有名な1杯。見た目も味も華やかでロマンティック。⇒p.184

キール・ロワイヤル
シャンパン・ベースの優雅な仕上がりのカクテル。特別な日の1杯に。⇒p.183

オレンジ・ブロッサム
オレンジの花言葉に由来して、披露宴の食前酒として飲まれる。⇒p.71

"通"なら知っておきたい

Barの楽しみ方

バーは格式が高いと感じてはいませんか。
実はとっても気軽にお酒を楽しめる場所なのです。

バーテンダー

バーテンダーは、カクテルをつくるほか接客全般を担当します。バー(bar)と世話する人(tender)を組み合わせた言葉ともいわれます。

NBA認定 バーテンダー資格証書

バーテンダーの確かな技術を証明する資格です。1年以上の実務経験があり、日本バーテンダー協会の支部長が会員と確認した満20歳以上であれば受験できます。

バーカウンター

バーテンダーと客の間にある細長いテーブル。カクテルなどのドリンクやおつまみの提供、会計などはバーカウンターでやりとりします。

バーは「お酒を楽しむ場所」を意味する

本格的なバーは、服装やマナーが気になり格式が高く感じる人も多いでしょう。しかし本来、バーとは「お酒を楽しむ場所」。最低限のマナーと店での振る舞い方さえ気をつければ、あとはお酒を楽しめばよいのです。

一見かんたんそうにつくられるカクテルにも、バーテンダーがつくるその1杯には、プロのテクニックとこだわりが凝縮されています。カクテルは「味のバランス」「色」「香り」が重要視されるため、正しいレシピのもとにつくられるのが基本です。その一方、同じカクテルでも飲む人との会話から好みや趣向を見つけ出し、その人に合った1杯をつくり出すのがバーテンダーなのです。

バーテンダーはお酒のプロであり、接客のプロでもあります。店を訪れた人がお酒を楽しく飲めるように、いつも気を配ってくれています。カクテルが飲みたくなったら、気軽にバーの扉を開いてみましょう。

バーを知る 1

バーのタイプ

バーは、店によって雰囲気は異なります。
タイプは、本格的なバーとカジュアルなバーに分けられます。

本格バー
技術のあるバーテンダーが酒を提供する。重厚感のある落ち着いた雰囲気が特徴。本書監修のバーは、こちらに分類される。

カジュアル・バー
カジュアルな雰囲気で気軽に楽しめる。大人数で楽しく騒いだり、スポーツ観戦が楽しめたりできるバーなどさまざま。

バーを知る 2

基本のマナー

初めてバーに行くときに気になるのは、服装や店内でのマナー。どんなバーでも、基本的なマナーは押さえておきたいところ。できれば、事前にお店の情報を調べておくのもよいでしょう。

服装

カジュアルな服装でも問題ありませんが、店の雰囲気を壊すような服装は避けるのがマナー。ジャケット着用が指定されている店も。

予算

カクテルは店にもよりますが、1杯1000円程度が目安。飲食代に加えてサービス料やテーブル・チャージ、消費税がかかります。

人数

本格的なバーは、大人数で楽しむ空間ではありません。4人程度が妥当です。バーカウンターを占領しないようにしましょう。

入店

店に入ったら、案内を待ちます。常連の席が決まっていることもあるので、勝手に座らないほうがトラブルを避けられます。

乾杯

グラスを当てて音を立てるのは控えましょう。グラスを持ち上げるのが、乾杯の本来のルールです。「乾杯」の声も控えめに。

話し声

周囲を気にしすぎて小さな声で話す必要はありませんが、大声は厳禁。隣の人や目の前にいるバーテンダーに聞こえる程度の声量に。

滞在時間

時間制限はありません。適度な時間でスマートに楽しみましょう。長居して飲み過ぎないように注意してください。

会計

バーテンダーに会計をお願いします。席で支払う店もあれば、レジで支払う店も。多くの店でクレジットカードが使えます。

Barの過ごし方 Q&A

マナーと同時に、スマートにバーを楽しむポイントを押さえておきましょう。

Q メニューがないときは?

カクテル名がわかればそれを伝え、わからなければ好みの味や苦手な材料を伝えます。お任せでカクテルをつくってもらってかまいません。

Q 注文のタイミングは?

1杯目が飲み終わるタイミングを見計らって、バーテンダーが聞いてくるバーもあります。聞かれなければ、飲み終わりに呼びましょう。

Q どんな順番で飲めばいい?

アルコール度数が低いカクテルや、あっさりした味のカクテルから注文します。しっかりした味のカクテルは2杯目以降に注文するとよいでしょう。

Q 1杯目のおすすめは?

ジン・トニックやモスコー・ミュールなどのシンプルなものがおすすめです。これらは、バーテンダーの力量がわかるカクテルでもあります。

Q バーテンダーと話してもよい?

話しかけてバーテンダーとの会話を楽しむのは問題ありません。ただし、混雑時には独占してしまわないよう、周囲へ配慮しましょう。

Q NGなことは?

騒ぐのは厳禁。絶対ダメというわけではありませんが、せっかくなら携帯電話の電源は切って楽しみたいところ。通話は、店の外でしましょう。

Q お酒を飲まなくても問題ない?

バーはお酒を楽しむ場所ですが、もちろんソフト・ドリンクでもOK。特に酔ってしまったときには、水やノン・アルコール・ドリンクを注文したいもの。

本書の見方

ドラマに登場した大人気カクテル
Cosmopolitan
コスモポリタン

材料
- ウオッカ　　　　　　　　　　35mℓ
- ホワイト・キュラソー　　　　15mℓ
- クランベリー・ジュース　　　15mℓ
- ライム・ジュース　　　　　　15mℓ

作り方　シェーカーにすべての材料と氷を入れてシェークし、カクテル・グラスに注ぐ。

アメリカのテレビドラマ『SEX AND THE CITY』で主人公がオーダーしていたカクテル。クランベリーの赤が都会的な雰囲気を醸し出し、フルーティな甘酸っぱさが女性的。

27度 ❶　中口 ❷　シェーク ❸
オール ❹　カクテル・グラス ❺

— カクテル名
— 材料
— つくり方
— カクテルの由来や味の特徴など
— アイコン

アイコンの見方

❶アルコール度数
アルコール度数の目安です。実際に使用する酒や材料、氷の量によって異なります。

❷テイスト
辛口、中辛口、中口、中甘口、甘口の5つに分けていますが、感じ方には個人差があります。

❸技法
カクテルのつくり方です。ビルド、ブレンド、ステア、シェークの4種類があります。詳細はp.34〜37。

❹TPO
カクテルを飲むのに適した、おすすめの時間や状況です。

❺グラスの種類
そのカクテルがもっともおいしく飲めるグラスの形状です。

材料の見方

- 容量はmℓ表記を基本としています。使用するグラスによって容量は異なるため、写真のグラスに対しての容量になっています。

※カクテル・グラスの場合、90mℓのグラスに約80mℓ入る容量で表記しています。
※分数で表記しているものは、1glassに対しての割合になります。

- カクテルのベースになる酒は、レシピの最初に表記されます。

- デコレーション用の副材料を割愛している場合があります。

〈表記単位について〉
1tsp.=バー・スプーン1杯分=約5mℓ
1dash=ビターズ・ボトル1振り分=約1mℓ
1glass=グラス1杯分

Part 1

カクテルの基本

カクテルとはどんな飲み物なのでしょうか？
ここでは、構成や材料、つくり方など、
カクテルに関する基礎知識を紹介します。

カクテルの定義と分類

カクテルにはさまざまな種類がありますが、
その定義づけはどのようなことなのでしょうか？

■ カクテルの定義

カクテルは、数種類の酒や果汁、シロップなどを混ぜ合わせたアルコール飲料と定義されています。広い意味では、アルコールが入っていない数種類の材料を混ぜ合わせた飲料（ミックス・ドリンク）もカクテルに分類されます。また、飲み干すまでの時間、温度、TPOによって選ぶことができ、どんな人の嗜好や気分にも合わせられる飲料なのです。

 カクテルの分類 1

飲み干すまでの時間

カクテルは、飲み干すまでの所要時間によって2種類に分けられます。短い時間で飲み干すものをショート・ドリンク、時間をかけて飲むものをロング・ドリンクと呼びます。

ショート・ドリンク

時間の経過により味が落ちやすいため、短時間で飲み干すタイプのカクテル。アルコール度数が高く、カクテル・グラスなど脚のついたグラスに注がれることが多い。

ロング・ドリンク

ゆっくり時間をかけて味わうタイプのカクテル。大型のグラスでつくられることが多く、温度(→p.23)によってコールド・ドリンクと、ホット・ドリンクの2種類に分けられる。

カクテルの分類 2

温度

ロング・ドリンクは、氷を入れて冷たいまま飲むコールド・ドリンクと、材料に熱湯やホット・ミルクなどを使用して温かい状態で飲むホット・ドリンクとに分類されます。

コールド・ドリンク

タンブラーなどの大型のグラスに氷などを入れて、冷たい状態を保った飲料。6～12℃くらいの温度が適温。サマー・ドリンクとも呼ばれ、暑い夏に適している。

ホット・ドリンク

耐熱のグラスに熱湯やホット・ミルクを加えた温かい飲料。62～67℃くらいの温度が適温。ウィンター・ドリンクとも呼ばれ、寒い冬に適している。

 カクテルの分類 3

TPO

カクテルは時間、場所、目的などによっても分類されます。欧米では細かく分類されますが、日本では食前・食後酒と、いつ飲んでもよいオール・デイ・カクテルの3種類が一般的。

食前	食前に喉を潤し、食欲を増進させる目的で飲まれる。一般的に辛口のものが多い。アペリティフともいう。 ●主なカクテル マティーニ>>p.67／マンハッタン>>p.133
食後	食後の口直しや消化促進の目的で飲まれる。甘口で濃厚な味わいのものが多い。ディジェスティフともいう。 ●主なカクテル グラスホッパー>>p.169　ラスティ・ネイル>>p.132
オール・デイ・カクテル	食事の前後に関係なく、いつ飲んでもかまわないというカクテル。 ●主なカクテル ギムレット>>p.67　マルガリータ>>p.123

Part 1 カクテルの基本

カクテルの分類 4

スタイル

ロング・ドリンクの場合、スタイルでも分類ができます。スタイルはつくり方や材料で決まり、カクテル名に含まれることも多いため、その名から味を連想できることもあります。

エッグ・ノッグ

酒・卵・牛乳・砂糖を混ぜ合わせる。ホットとコールドがあり、ノンアルコールもある。

ブランデー・エッグ・ノッグ
>>p.119

クーラー

酒にレモンやライム、甘みを加え、ソーダ水やジンジャー・エールで満たす。さわやかな味わいが特徴。

アプリコット・クーラー
>>p.160

コリンズ

スピリッツをベースに、柑橘系果汁と砂糖を加え、ソーダ水で満たす。コリンズ・グラスを使用する。

ジョン・コリンズ
>>p.138

サワー

スピリッツをベースに、柑橘系果汁と砂糖を加える。原則的に炭酸飲料は使用しない。

ウイスキー・サワー
>>p.134

ジュレップ

マドラーでミントの葉を潰しながら砂糖を溶かし、砕いた氷を詰め、酒を注ぐ。

ミント・ジュレップ
>>p.141

スリング

スピリッツに、レモンジュースと甘みを加え、水または炭酸系のソフト・ドリンクで満たす。

シンガポール・スリング
>>p.76

デイジー

砕いた氷を詰めた大型のグラスに、スピリッツ、柑橘系果汁、シロップまたはリキュールを加える。

ジン・デイジー
>>p.77

トディ

砂糖を溶かしたところにスピリッツを注ぎ、水または熱湯で満たす。レモンを添える場合もある。

ホット・ウイスキー・トディ
>>p.140

ハイボール

あらゆる酒をベースに、各種のソフト・ドリンクでミックスする。日本ではウイスキーが有名。

ウイスキー・ソーダ
>>p.135

フィズ

スピリッツまたはリキュールに、柑橘系果汁と砂糖を加えてシェークし、ソーダ水を加える。

ジン・フィズ
>>p.78

フラッペ

砕いた氷を詰めたグラスに、リキュールを注ぐ。シェークしたものを氷ごと注ぐこともある。

ミント・フラッペ
>>p.172

フローズン

バー・ブレンダー（ミキサー）で砕いた氷と材料を混ぜ合わせ、シャーベット状にする。

フローズン・ダイキリ
>>p.114

フロート

酒の比重を利用して、酒や水などの上に他の酒や生クリームを浮かべる。

ウイスキー・フロート
>>p.119

ミスト

砕いた氷を詰めたグラスに酒を注ぎ、強く混ぜる。主にウイスキーやブランデーが使われる。

ウイスキー・ミスト
>>p.135

リッキー

スピリッツにライムまたはレモンを搾り、ソーダ水で満たす。マドラーで果肉を潰しながら飲む。

ジン・リッキー
>>p.78

カクテルを知る 1

酒

カクテルをつくるうえで、酒は基本の材料です。
ここでは、酒の基礎知識を紹介します。

■「酒」はカクテルづくりの必須材料

　酒は、製法や材料により異なる個性をもちます。そのため、酒そのものの味を知り、相性のよい副材料や好みのカクテルを見つけましょう。酒の定義は、日本の酒税法により、アルコール分1度以上の飲料とされます。

■ 酒は製造方法で分類される

　酒は、製造方法によって3つに分類されます。原料を発酵させる醸造酒、醸造酒を蒸留してつくる蒸留酒、酒に香りや味をつける混成酒。これらは、さらに原材料によっても細かく分類され、味や風味が変わります。

醸造酒	でんぷん	穀類	ビール（大麦、穀類）、清酒（米）など
原料の糖質またはでんぷん質を糖化し、発酵させてつくられる酒。	糖類	その他	プルケ（竜舌蘭）など
		ハチミツ	ミード
		果実	ワイン（ブドウ）、シードル（リンゴ）など
蒸留酒	でんぷん	その他	テキーラ、メスカル（竜舌蘭）
醸造酒を蒸溜することでつくられる酒のことで、スピリッツとも呼ばれる。		穀物	ウイスキー（大麦、その他の穀物）、ウオッカ、ジン、アクアビット、シュナップス（穀物、イモ類）、焼酎乙類（米、麦、ソバなどの穀類、サツマイモ）など
	糖類	ハチミツ	ラム、焼酎甲類（サトウキビ）など
		果実	ブランデー（ブドウ）、アップル・ジャック（リンゴ）、キルシュ（サクランボ）、ポワール（西洋ナシ）、ミラベル（プラム）、アラック（ナツメヤシ）など
混成酒	特殊系		ヨーグルト・リキュール、アドヴォカート（卵）など
醸造酒や蒸留酒に植物の果実や香料、甘味料などの副材料を加えてつくられる酒。	ナッツ・種子・核系		カカオ、コーヒー・リキュール、アマレットなど
	ハーブ・スパイス系		アニゼット、シャルトリューズ、ベルモットなど
	フルーツ系		スロー・ジン、キュラソー、チェリー・ブランデーなど

■ カクテルのベースになる酒

ジン
大麦、ライ麦、トウモロコシなどの穀物を発酵・蒸溜させた原酒に、ジュニパー・ベリーなどを浸して再度蒸溜した酒。柑橘系との相性がよい。

ウオッカ
古くからロシアで飲まれていた蒸溜酒。大麦、ライ麦、ジャガイモなどが原料だが、国によって異なる。無色透明でクセがない。香りや風味を加えたものも。

ラム
サトウキビを原料として、その糖を発酵・蒸溜してつくる西インド諸島原産の蒸溜酒。生産地によって製法が異なる。コーラなどの炭酸飲料と相性がよい。

テキーラ
アガベと呼ばれるプルケ(竜舌蘭)を原料とする蒸溜酒。メキシコでも、特定地域でのみ生産されている。フルーツ系の材料と相性がよい。

ウイスキー
大麦、ライ麦などを原料とし、発酵・蒸溜した蒸溜酒。モルト、グレーン、ブレンデッドなどに分類される。酒本来の味わいが重視されている。

ブランデー
白ブドウのワインを蒸溜し、樽で熟成させた酒。ブドウ以外の果物を蒸溜してつくる、フルーツ・ブランデーもある。甘く濃厚な材料と相性がよい。

リキュール
果実やハーブ、ナッツ、クリームなどの副材料を蒸溜酒に加えることで、その風味や色味を移した混成酒。主原料によって相性はさまざま。カクテルの風味づけだけでなく、ベースとしても人気。菓子などに使われることも。

ワイン
主にブドウを発酵させてつくる醸造酒でもっとも歴史が古い。赤・白・ロゼ、スパークリング、フレーバードなどがある。仕上がりの美しさが重視される。

ビール
主に大麦の麦芽と水、ホップが原料としてつくられる醸造酒。酵母の種類により、上面発酵と下面発酵に分類。カクテルでは、風味を活かして使われる。

日本酒
米と米麹、水を原料とした醸造酒。普通酒と特定名称酒に分けられ、特定名称酒は原料や醸造法により、純米吟醸などの8種に分類。香りを活かして使われる。

焼酎
穀物やイモ類のほか黒糖など多種多様な原料によってつくられる蒸溜酒。沖縄の泡盛も焼酎として分類される。クセの少ない麦や米が使いやすい。

カクテルを知る 2
副材料

炭酸飲料やフルーツなどを副材料として、酒の「割り材」、「風味づけ」、「飾り」として使用します。
カクテルの仕上がりに大きく関わる重要な材料です。

水・炭酸水 〔割り材〕

主に、ベースの酒を割るための材料として使用する。ミネラル・ウォーター、ほのかな苦みのあるトニック・ウォーター、ソーダ水など。ジンジャー・エールは味がしまるドライ・タイプがおすすめ。

フルーツ、野菜 〔風味づけ〕〔飾り〕

主にレモンやライム、グレープフルーツ、オレンジなどの柑橘類が使われる。野菜では、酒の割り材としてトマト（ジュース）を使ったり、マドラー代わりとしてセロリやキュウリを使ったりすることも。

フルーツジュース 〔割り材〕

主にレモン、オレンジ、ライム、グレープフルーツといった柑橘系のジュースを使用。100%果汁の市販品を使うこともあるが、果実を搾った生果汁を使用することで濃厚な味わいが楽しめる。

卵、乳製品 〔割り材〕〔風味づけ〕

卵は、卵白と卵黄で50㎖程度となるSサイズがおすすめ。乳製品は、牛乳や生クリーム、バターなどが多く使われる。いずれも新鮮なものを使いたい。

必須の副材料　氷

カクテルは、温度が味の決め手になるため、コールド・ドリンクをつくるときには、氷が欠かせません。気泡の少ない硬い氷がおすすめなので、市販品を利用するとよいでしょう。

ランプ・オブ・アイス
大きい氷をアイス・ピックで握りこぶしのサイズまで削ったもの。オン・ザ・ロックなどに使用。

クラックド・アイス
大きい氷を直径3〜4cmほどに割った氷。シェークやステアなどに使うため、使用頻度が高い。

クラッシュド・アイス
クラックド・アイスからさらに小さく粒状に砕いた氷。フローズンやジュレップなどに使用する。

ハーブ・スパイス類（風味づけ）

主に風味づけや飾りなど、仕上げの材料として使用。香りの強いミントの葉は清涼感を出し、ナツメグはクリームなどの匂いを抑えてくれる。他に、クローブやシナモンなどがある。

シロップ類、塩、砂糖（風味づけ・飾り）

塩や砂糖はスノー・スタイル（p.38）に使用。混ぜる砂糖は、ガム・シロップが使いやすい。シロップはフルーツ系が多く、ザクロを煮詰めたグレナデン・シロップがよく使われる。

マラスキーノ・チェリー、オリーブ、パール・オニオン（風味づけ・飾り）

主に飾りとして使用する。シロップに漬けこんだチェリー（赤色ならマラスキーノ・チェリー、緑ならミント・チェリー）や、塩漬けしたオリーブ、パール・オニオンなど。

カクテルを知る 3

道具

おいしいカクテルをつくるためには、
最低限必要な道具を揃え、正しく使用することが大切です。
ここでは、カクテルづくりに必要な道具を紹介します。

■ 揃えておきたい道具

カクテルづくりで、ベースとなる道具を紹介します。自宅でつくる場合は、まずこれらの道具を揃えるとよいでしょう。

トップ / ストレーナー / ボディ

シェーカー
カクテルをシェークするために使う。シェークと同時に冷たく仕上げる。

〈各部の名称〉
● トップ
シェークする際に閉める。
● ストレーナー
液体だけを通す。
● ボディ
材料と氷を入れる本体部分。

メジャー・カップ
30mlと45mlが対になったもの。酒やジュース、シロップなどを素早く計量できる。

30ml / 45ml

計量
1tsp.＝約5ml

バー・スプーン
細かい計量や、材料を混ぜるためのスプーン。材料を取り出すためのフォーク、もしくは材料を潰すマドラーが対になる。

ストレーナー
シェーカーのストレーナーと同じく、液体だけを通す役割をもつ。ミキシング・グラスにかぶせ、蓋としても。

ミキシング・グラス
材料を混ぜるための大型のグラス。比較的混ざりやすい材料を入れて使う。混ぜやすいよう、底が丸みを帯びている。

■ その他の道具

ベーシックな道具以外に、プロが使う道具を紹介します。自宅でつくる場合は必要と感じるものから、少しずつ増やしていくとよいでしょう。

スクイーザー
レモンやオレンジ、ライムなどの柑橘類から果汁を搾るための道具。

ビターズ・ボトル
ビターズ専用のボトル。1振りで、必要な量が使える。

計量 1dash＝1振り分＝約1mℓ

バー・ブレンダー
フローズン・スタイルのカクテルをつくる道具。ミキサーで代用できる。

空けたビンのクチを閉じる

ビンのフタを空ける

アイス・トング
氷をつかむための道具。滑りにくいよう、先がギザギザになっている。

アイス・ペール
割った氷を入れておく道具。底が水切りになっているものもある。

シズラー（栓抜き）
瓶の蓋を開ける栓抜きと、開けた瓶のクチを密閉するための道具。

アイス・ピック
氷を割るための道具。ある程度の重さがあると使いやすい。

マドラー
カクテルを撹拌したり、グラス内の砂糖やフルーツを潰したりする。

カクテル・ピン
デコレーション用のフルーツなどに刺し、つまみやすくするピン。

バーテンダーズ・ナイフ
小型のナイフに、ワインのコルク抜きがついたもの。

グラス・タオル
グラスを拭くための布。グラスに繊維がつきにくい麻などでできている。

ストロー
クラッシュド・アイスを詰めたカクテルなどに使う。1杯につき、2本添える。

カクテルを知る 4

カクテルの方程式

カクテルは、材料の組み合わせも重要です。
ここでは、カクテルの基本構成と
組み合わせのバリエーションを紹介します。

■ **カクテルの構成**

カクテルの構成は下の4つの材料に分類されます。この4つから2つ以上の材料を組み合わせることでカクテルとなります。

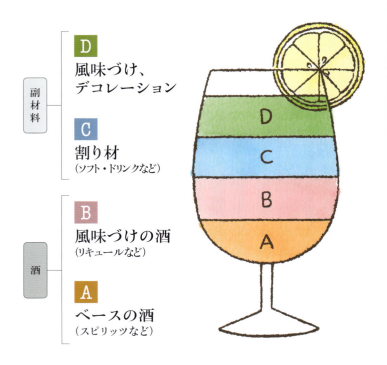

副材料
- D 風味づけ、デコレーション
- C 割り材（ソフト・ドリンクなど）

酒
- B 風味づけの酒（リキュールなど）
- A ベースの酒（スピリッツなど）

酒

A ベースの酒
（スピリッツなど）

スピリッツをメインに、リキュールやワインなどあらゆる酒がベースになる。ジンやウオッカが使いやすい。

B 風味づけの酒
（リキュールなど）

ベースの味を引き立たせるために使用する酒。主には色と香りの豊富なリキュールが使われる。

副材料

C 割り材
（ソフト・ドリンクなど）

ソーダ水、トニック・ウォーター、ジュースなどの飲料。味わいを広げるほか、酒のアルコール分もやわらげる。

D 風味づけ、デコレーション

フルーツやシロップなど、カクテルの仕上げに関わる材料。デコレーションは見た目を華やかにしてくれる。

(基本パターン)

A + C 酒と副材料を合わせるもっともシンプルな方程式。アルコール度数を低めにつくることができる。

(バリエーション)

A + B ベース：リキュール＝2：1を基本に、ベースの風味を損なわないように配分する。アルコール度数は高め。

A + D ベースの味を最大限に生かした方程式。マティーニやギムレットなど、辛口のタイプが多い。

B + C リキュールとソフト・ドリンクの方程式。甘口のものが多く、酒が苦手な人にもおすすめできる。

A + B + C 比率は「A:B:C=2:1:1」がおすすめ。場合により副材料Dも加えて、すべての材料を組み合わせる。

カクテルを知る 5

つくり方

カクテルは、手際よく作ることがおいしさに関係します。
ここでは、技法やデコレーションの方法といった
つくり方の基本動作を理解しましょう。

■ つくり方の基本

カクテルは、主に4つの技法とデコレーションの方法によってつくられます。プロの技は難しくても、基本さえ覚えれば、自宅でカクテルをつくることができます。まずはポイントを押さえましょう。

(主なつくり方)

ビルド	ブレンド	ステア	シェーク
直接グラスの中で混ぜる。>>p.35	フローズン・スタイルをつくる。>>p.35	手早く混ぜ、材料の風味を生かす。>>p.36	しっかり混ぜて、なめらかにする。>>p.37

(テクニック、デコレーション)

スノー・スタイル	ピール	フルーツ・デコレーション
グラスのフチに塩や砂糖をつける。>>p.38	レモンやライムの香りをつける。>>p.38	カッティング・フルーツを飾る。>>p.38

ビルド

グラスに直接材料を注ぎ、グラスの中で混ぜる方法。炭酸が抜けないよう、混ぜ過ぎには注意しましょう。シェーカーやミキシング・グラスなど、専用の道具を必要としないため、初めてでもかんたんにつくれます。

使う道具
- メジャーカップ
- バー・スプーン

POINT
- 炭酸飲料は最後に注ぐ
- 炭酸飲料は1〜2回の回転に留める
- 沈みやすい材料は、氷を持ち上げるように混ぜる

1 グラスに材料を注ぐ
冷やしたグラスに氷を入れて、材料を順番に注ぐ。材料が「適量」の場合、グラスの8分目を目安にする。

2 材料を混ぜる
バー・スプーンで材料を混ぜる。炭酸飲料の場合は、軽く1〜2回混ぜて、炭酸が抜けないようにする。

フロートする場合
フロートは、液体に液体を浮かべるビルドのテクニック。材料が混ざらないように、バー・スプーンの背から静かに液体を注ぎ入れる。

ブレンド

バー・ブレンダー（またはミキサー）を使って、クラッシュド・アイスと材料を撹拌し、シャーベット状のフローズン・スタイルのカクテルをつくる技法です。氷の量や混ぜ時間で味わいに変化がつきます。

使う道具
- バー・ブレンダー（ミキサー）
- メジャーカップ

POINT
- クラッシュド・アイスの量と撹拌数は、様子を見ながら好みのかたさに仕上げる
- 氷が少ないとやわらかめ、多いとかためになる
- フルーツを使うときは、フルーツ→氷→材料の順に入れると色よく仕上がる

1 材料と氷を入れる
バー・ブレンダーに材料とクラッシュド・アイスを入れて、蓋を閉める。

2 撹拌する
スイッチを入れて撹拌する。氷の砕ける音が消える頃合いを目安に止める。

3 グラスに盛る
好みのかたさまで撹拌したら、スプーンを使ってグラスに盛る。

ステア

　ステアは「混ぜる」という意味で、ミキシング・グラスで材料を混ぜてグラスに注ぐ方法。比較的混ざりやすい材料を使う場合に利用します。繊細な風味を生かす技法なので、氷と材料は手早く混ぜます。

使う道具
- ストレーナー
- ミキシング・グラス
- バー・スプーン
- メジャー・カップ

POINT
- 風味を逃さないよう、手早く静かに混ぜる
- 混ぜる回数は、15〜16回を目安に

1 ミキシング・グラスに氷を入れる
ミキシング・グラスに氷を4〜5個入れる。目安は、グラスの6分目ほど。

2 氷の面取りをする
グラスに水を注ぎ、バー・スプーンでステアする。このとき、氷の面取り（角を丸くすること）をする。

3 水を捨てる
ミキシング・グラスにストレーナーをかぶせ、水を捨てる。ストレーナーは、柄がグラスの注ぎ口の逆にくるようにかぶせる。

4 材料を注ぐ
ストレーナーを外し、すべての材料を注ぐ。

5 材料を混ぜる
利き手とは逆の手の指先でミキシング・グラスの底を支えながら、氷の回転力を利用してバー・スプーンで静かに混ぜる。

6 グラスに注ぐ
15〜16回ほど混ぜたら、ストレーナーをかぶせ人差し指で押さえる。他の指でミキシング・グラスを支え、持ち上げてグラスに注ぐ。

シェーク

カクテルづくりの技法のなかでも一番印象的なシェークは、「混ぜる」「冷やす」「味をまろやかにする」といった効果をもっています。振り方ひとつで味の仕上がりが変わるため、つくり手の腕が問われます。

使う道具
- シェーカー
- メジャー・カップ

POINT
- 熱で氷が溶けないよう、シェーカーは指先で持つ
- 卵やクリームなど、混ざりにくい材料は倍の回数シェークする

1 材料と氷を入れる
計った材料をボディに注ぎ、氷を8〜9分目まで入れてストレーナーとトップをかぶせる。

2 シェーカーを持つ
利き手の親指でトップを押さえ、薬指と小指の間でボディを挟む。逆の手の中指と薬指でボディの底を支え、残りの指は自然に添える。

3 構えて斜め上に振る
胸の位置から、シェーカーを斜め上に突き出すように振る。

4 胸の位置に戻す
3の位置から、シェーカーを胸の前に振り戻す。

5 斜め下に振って戻す
4の位置から斜め下に突き出し、また胸の前に戻す。3〜5の動作で1セット。これをリズミカルに4〜5セットほど繰り返す。

6 グラスに注ぐ
トップのみ外し、ストレーナーを利き手の親指と人差し指で押さえてグラスに注ぎ入れる。

スノー・スタイル

スノー・スタイルは、グラスのフチに塩や砂糖をつけるデコレーション方法です。材料のつけ過ぎには注意しましょう。

1 グラスのフチを濡らす
レモンなどの果汁を使って、材料がつきやすいように、グラスのフチを濡らす。

2 塩(砂糖)をつける
平らな皿に塩(または砂糖)を広げ、グラスを逆さにしながらフチに回しつける。

3 余分な量を落とす
グラスの脚を軽く叩き、余分な塩(または砂糖)を落とし、量を調節する。

ピール

レモンやライムなどの柑橘類の果皮(2cm程度)をピールと呼びます。グラスの上で搾り、ピールの脂分を飛ばすことで香りづけをします。

1 皮を剥いて形を整える
小さな刃物でレモンなどの皮を薄く削ぎ取り、2cm×1cm程度の大きさに整える。

2 搾り入れる
皮の表側をグラスに向け、親指と中指で挟み、人差し指で裏側を支えて搾る。

ツイストする場合
皮を長めに切り、両端をつまんでねじり搾る。

フルーツ・デコレーション

フルーツの飾りは、カクテルの見た目を華やかにしてくれるアイテムです。カッティングや飾り方に決まりはありません。

スライス・レモンを飾る場合

輪切りにし、切り込みを入れる
厚さ5～7mm程度の輪切りにする。中央にむかって半径分だけ切り込みを入れ、グラスのフチに差す。

カット・ライムを飾る場合

8等分にし、切り込みを入れる
実を縦に8等分し、両端のヘタや白い皮、種を取る。果肉と皮の間に切り込みを入れ、グラスのフチに差す。

カクテルのグラス

カクテルは、ふさわしいグラスに注がれてはじめて、
そのおいしさを最大限に味わうことができます。
グラスを正しく選ぶことも重要な要素です。

※グラスの容量は一般的なもので、実際のグラスにより異なります。

― 脚つきのグラス ―

1. **シェリー・グラス**
   本来はシェリーを飲むためのものだが、ウイスキーなどにも使用する。容量は60〜75mℓ。

2. **リキュール・グラス**
   リキュールをストレートで飲むためのグラス。容量は30〜45mℓ。

3. **リキュール・グラス（プース・カフェ）**
   2と同様のグラスだが、こちらはプース・カフェ・スタイル（比重の重さを利用して何層もリキュールを重ねる）のためのグラス。

4. **サワー・グラス**
   サワー・スタイル（p.24）のカクテルに使用する中型のグラス。容量は120mℓ程度。

5 カクテル・グラス
　カクテルのためにつくられたグラス。容量は90ml程度。60〜80mlの材料が注げる。120〜150mlの大型のグラスもある。

6 ゴブレット
　氷を入れたロング・ドリンクやビールなどに使われるグラス。容量は300ml程度。

7 ブランデー・グラス
　チューリップ形のグラス。香りを逃さないよう上部がすぼまっている。容量は240〜300ml。

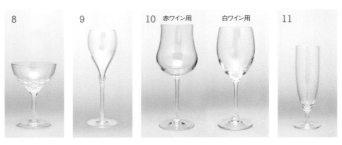

8 シャンパン・グラス(ソーサ型)
　主に乾杯用に使用されるグラス。フローズンやフラッペなどにも使われる。容量は120ml程度。

9 シャンパン・グラス(フルート型)
　ガスが抜けにくいため、シャンパンの泡立ちを生かしたカクテルに向いたグラス。容量は120〜180ml程度。

10 ワイン・グラス
　さまざまなデザインがあるワイン用のグラス。口径65mmで、白は150ml、赤は200ml程度のものが理想とされている。

11 ビール・グラス(ピルスナー)
　ピルスナー・スタイルのビールに理想的なグラス。ピルスナー・スタイルは、日本の大手メーカーに多い。容量は250〜330ml程度。

平底型グラス

12 ホット・グラス
ホット・ドリンクに適した、耐熱性のあるグラス。グラス・ホルダーがついている。

13 ウイスキー・グラス
シングル(30㎖)とダブル(60㎖)がある。シングルはショット・グラスとも呼ばれる。

14 オールドファッションド・グラス
オン・ザ・ロック・スタイルに使用するグラス。ロック・グラスともいわれる。容量は180～300㎖程度。

15 コリンズ・グラス
口径が小さく、背の高いコリンズ・スタイル(p.24)用のグラス。容量は300～360㎖程度。

16 タンブラー
ロング・ドリンクによく使用するグラス。容量は8オンス(240㎖)と10オンス(300㎖)がある。

グラスのお手入れ方法

グラスの底を持つ
片方のてのひらにふきんを広げ、グラスの底を当てて持つ。もう一方の手でふきんの対角を持ち、グラスの内側に詰めていく。

手をひねって拭く
ふきんの上からグラスのフチを持ち、左右の手を逆方向にひねりながら、グラスを左右交互に回して拭く。

カクテルの歴史

カクテルはどのように生まれ、日本に来たのでしょう。
カクテルが日本で発展するまでの歴史を紹介します。

カクテルの始まりは明確ではありませんが、古代ローマではワインに水を、古代エジプトではビールにハチミツを入れて飲んでいたため、これらをカクテルの定義に当てはめれば、酒とともに誕生したと考えられます。

19世紀後半に開発された製氷機によって、コールド・ドリンクがつくられます。1920年にアメリカの禁酒法によりバーテンダーがヨーロッパへと移住し、カクテルは世界へ広まりました。

日本では、1860年にオープンした横浜のホテル内のバーで、初めてカクテルが提供されたといわれます。明治初期には上流階級で飲まれていましたが、明治末期〜大正にかけて街のバーでも飲まれるようになり、文明開化とともに日本でも広まりました。

カクテルの由来

カクテルとは「雄鶏の尾」という意味。その由来は諸説あります。

1 道具の名前説
混ぜるための棒が雄鶏の尾に似ていたため、「Tail of cock（テール オブ コック）」と伝えられた。

2 独立戦争のお祝い説
独立派が、反独立派の地主の家から盗んだ雄鶏をローストチキンにし、その尾を混成酒に飾ったことから。

3 人名説
メキシコの王に混成酒を献上した貴族の娘の名「ホック・トル」から。これがアメリカでカクテルとなった。

4 「コクチェ」のなまり説
ラムに卵を混ぜた「コクチェ（Coquetier）」というアメリカの飲み物がなまって、カクテルへと変化した。

Part

材料の基礎知識

カクテルのベースとなる酒は種類が豊富。
それぞれの産地や歴史、特徴を解説します。
好みのカクテル探しの参考にしてください。

スピリッツを知る

世界各国では、地域の特色を表す酒が生み出されています。
ここではカクテルのベースとして、
よく用いられる「スピリッツ（蒸留酒）」を中心に紹介します。

イギリス・アイルランド
スコットランドではスコッチ・ウイスキー、本土ではロンドン・ドライ・ジン、アイルランドではアイリッシュ・ウイスキーをつくっている。

ロシア
ウオッカの本場。無味無臭無色のレギュラー・タイプの他、果物などで香味を加えたフレーバード・ウオッカもつくられている。

ドイツ
シュタインヘーガーというジンの一種と、穀物からつくられるコルンが有名。ワインを生産する地域では、ブランデーもつくられている。

日本
世界5大ウイスキーであるジャパニーズ・ウイスキーを始め、ブランデーなども生産する。日本古来のスピリッツ、焼酎や泡盛なども。

フランス
ブランデー生産量は、世界一。グレープ・ブランデーのほか、ワインの搾りかすを発酵させてつくられる「かすとりブランデー」、「フルーツ・ブランデー」と種類も豊富。南仏では、ジンやラムなども生産される。

カクテルのベースとなるお酒

醸造酒
糖質・でんぷん質を含む原料を酵母で発酵させてつくる酒。糖質原料からつくるものを単発酵酒、でんぷん質原料からつくるものを複発酵酒と呼ぶ。
・ワイン、ビール、日本酒　など

蒸留酒（スピリッツ）
醸造酒を蒸留してアルコール分を高めた酒。度数70％ほどの蒸留液を得る単式蒸留と、90％〜95％以下の連続式蒸留がある。
・ジン、ウオッカ、ラム、テキーラ、ウイスキー、ブランデー　など

混成酒（リキュール）
醸造酒や蒸留酒に、ハーブやスパイス、果実、香料、糖類などを混ぜたり、浸出させたりしてつくる。
・各種リキュール、梅酒、みりん　など

国際色豊かなスピリッツ

ビールやワインなどの醸造酒をさらに蒸留してつくる酒を、スピリッツ（蒸留酒）と呼びます。

蒸留の技術が16世紀の中世ヨーロッパから世界に伝わると、各地でスピリッツが生産されました。

有名なスピリッツとしては、ウイスキーやブランデー、世界4大スピリッツのジン、ウオッカ、ラム、テキーラなど。ほかにも、焼酎や泡盛もスピリッツの一種です。スピリッツは、糖質・でんぷん質が含まれる原料であれば、どんなものからでもつくれるため、各国の地域色豊かなスピリッツが、カクテルの魅力をつくり出します。

アメリカ
バーボンで知られるアメリカン・ウイスキー。テネシーやライ・ウイスキーも有名。ウオッカの生産量は本場・ロシアを抜いて世界一。

カナダ
世界的に知られているカナディアン・ウイスキーは、世界5大ウイスキーの中で、もっともライトで穏やかな味わい。

メキシコ
テキーラの生産国。原料となる竜舌蘭は、アガベ・アスール・テキラーナという品種のみに限られ、生産できる地域も規定されている。

西インド諸島・中南米
キューバ、ジャマイカではラムづくりが盛ん。ブラジルではピンガ、コロンビアではアグアルディエンテなどが親しまれている。

世界4大スピリッツとは？
カクテルのベースとして特に用いられるホワイト・スピリッツ4種類の総称。蒸留酒は大きく、ホワイト・スピリッツと、ブラウン・スピリッツ（ウイスキー、ブランデーなど）に分けられる。

- **ジン** ⇒p.46
- **ウオッカ** ⇒p.48
- **ラム** ⇒p.50
- **テキーラ** ⇒p.52

Part 2　材料の基礎知識

スピリッツを知る 1

ジン

マティーニやジン・フィズなど、カクテルのベースに欠かせないジン。ジュニパー・ベリーを使用したオランダ生まれの薬酒は、世界4大スピリッツとして、世界的な知名度を得ました。

イギリスで花開いた さわやかな香りのスピリッツ

　ジンは、グレーン・スピリッツ（穀物を原料とした蒸留酒）に、香味原料を加え、再蒸留してつくられる酒です。

　ジンにさわやかな香りをもたらすジュニパー・ベリーは、利尿効果が高いため、ジンは薬用酒としてオランダで開発されました。「ジュネヴァ」と呼ばれ、その香りと安さから飲料酒として人気を得ます。その後、「ジン」の名でイギリスでも親しまれ、18世紀前半にはイギリス中に広まります。19世紀には、連続式蒸留機によるすっきりとした味わいが特徴の辛口タイプ「ロンドン・ドライ・ジン」が登場し、現在まで続くロングヒットとなりました。

ジンの歴史

1666年

オランダで薬用酒として誕生

オランダのフランシスクス・シルビウス教授が、熱病の特効薬として1660年に開発。利尿剤として薬局で売られていたが、ジュニパー・ベリーの香りと手ごろな値段で、飲料酒として評判になる。

1689年

イギリスで迎える「ジンの時代」

1689年、オランダのウイリアム3世がイギリス国王に迎えられ、オランダの国民酒ジュネヴァを広め、イギリスでは「ジン」と呼ばれる。19世紀後半、連続式蒸留機によって「ドライ・ジン」が誕生。

1920年ごろ

アメリカで注目され、世界デビュー

イギリスから「ロンドン・ドライ・ジン」が禁酒時代のアメリカに渡り、隠れて飲まれていたカクテルのベースに使われる。色味とクセのない「ドライ・ジン」は急速に普及し、世界の主流となった。

Barley

Rye

Corn

ジンの種類

ヨーロッパを中心に さまざまな風味のジンを生産

　ジンの主な生産地は、ヨーロッパ。オランダでは、ジュニパー・ベリーと麦芽の香味が濃厚なジュネヴァ・ジン。イギリスでは、クリアな味わいのロンドン・ドライ・ジンや糖分を加えたオールド・トム・ジン、香りの強いプリマス・ジン、フルーツの香りをつけたフレーバード・ジンなどがあります。また、ドイツではシュタインヘーガーというジンの一種がつくられています。

ジュネヴァ・ジン
ジュニパー・ベリーの香りが漂う、オランダの伝統的なジン。単式蒸留機による昔ながらの製法でつくられる。強い香味をもつ。

ロンドン・ドライ・ジン
連続式蒸留機でスピリッツをつくり、2種類の方法で香りづけを行う。さわやかでライトな香味。現在、ジンといえばこのタイプを指す。

オールド・トム・ジン
ドライ・ジンに1～2％の糖分を加えたもの。猫型の自動販売機で売られていたため、雄猫の愛称「トム・キャット」から名づけられた。

プリマス・ジン
イギリス南西部のプリマス軍港でつくる香りの強いドライ・ジン。かすかな甘みがある。当初のギムレットのベースとなる。

フレーバード・ジン
フルーツなどで香りづけをしたジン。スロー・ジンやオレンジ・ジン、ジンジャー・ジンなど、頭に果実名をつけて呼ぶ。

シュタインヘーガー
生のジュニパー・ベリーを用いるドイツ・ジン。ジュニパー・ベリーのスピリッツとグレーン・スピリッツをブレンドし、再蒸留する。

Catalog

ボルス ジュネヴァ
オランダの伝統的なジン。芳醇なモルトフレーバーとジュニパー・ベリーの香味が特徴。

度数 42度　容量 700㎖
生産 ルーカス・ボルス社
発売元 アサヒビール

タンカレー ロンドンドライジン
洗練されたキレのある味わいが人気。印象的なボトルは18世紀の消火栓を模したといわれる。

度数 47.3度　容量 750㎖
生産 ディアジオ社
発売元 キリンビール

ビーフィーター ジン
1820年の誕生以来の伝統製法でつくられるロンドン・ジン。さわやかな柑橘系の味わいが特徴。

度数 47度　容量 750㎖
生産 ジェームズ・バロー社
発売元 サントリースピリッツ

ゴードン ロンドン ドライジン
世界で初めてジントニックを生んだブランド。140か国で愛飲されている世界No.1プレミアムジン。

度数 40度　容量 700㎖
生産 ディアジオ社
発売元 キリンビール
*IMPACT DATABANK2014による

ボンベイ・サファイア
世界中から厳選した10種類のボタニカルを用い、複雑でクリアな香りと味わいが魅力のプレミアムジン。

度数 47度　容量 750㎖
生産 バカルディ社
発売元 サッポロビール

スピリッツを知る 2

ウオッカ

12世紀ごろから飲まれていたという歴史をもつウオッカは、言わずと知れたロシアの国民酒。極めて高い純度を生かし、消毒薬としても用いるなど、生活に役立てていました。

クリアな酒質で愛される
洗練されたロシアの地酒

　ウオッカは、トウモロコシやライ麦、ジャガイモなどを原料につくられます。しかし11～12世紀、ウオッカが「ズィズネーニャ・ワダ（生命の水）」と呼ばれる東欧独自の地酒だったころは、ライ麦のビールやハチミツ酒を蒸留してつくられていたといわれています。

　19世紀になってウオッカのブランド「スミノフ」の創立者がウオッカの製造に炭の活性作用を利用したことで酒質がクリアになりました。19世紀後半には連続式蒸留機が導入され、よりクリアでニュートラルな味わいになりました。20世紀になると、ヨーロッパやアメリカからカクテル文化とともに世界に広まりました。

ウオッカの歴史

～12世紀ごろ

ウオッカの祖先となる蒸留酒が存在

起源は不確かだが、12世紀前後に東欧で誕生し、ビールやハチミツ酒でつくられていたとされる。17～18世紀には、主にライ麦、18世紀後半にはトウモロコシやジャガイモも用いるようになった。

19世紀

炭と蒸留機で現在の味わいに

1810年、薬剤師アンドレイ・アルバーノフが、炭の活性作用を発見し、製法に炭によるろ過を取り入れた。この技術と、19世紀に導入された連続式蒸留機により、現在のウオッカの原型ができ上がる。

20世紀

ロシアから世界に

1917年のロシア革命後、亡命したロシア人が亡命先の国でウオッカの製造を始める。1933年、アメリカで禁酒法が廃止されるとアメリカでもウオッカの製造が盛んになる。1950年代には、ウオッカの中性的な酒質がカクテルのベースとして評価され、人気を博した。

ウオッカの種類

基本は無色・無味・無臭
香りづけしたものも

　ウオッカは大きく分けて、レギュラー・タイプとフレーバード・ウオッカの2種類に分けられます。

　レギュラー・タイプは、無色透明でクセのない味わい。香味もほとんどないため、カクテル・ベースとして用いられています。対するフレーバード・ウオッカは、フルーツやハーブの香り、糖分などを加えたもの。ロシアやポーランドなど、主にウオッカをストレートで飲む地域でつくられています。

　北欧のスウェーデンなどでも、16世紀ごろからウオッカを生産しています。

レギュラー・タイプ
透明で香味などの特徴をもたない、カクテル・ベースとして理想的な酒。白樺活性炭でのろ過による、クリアでニュートラルな酒質。さまざまな原料からつくられるが、アルコール純度が高く、味わいに違いは生まれない。ロシアやアメリカでの生産が盛ん。

フレーバード・ウオッカ
フルーツやハーブなどで香りをつけたり、糖分を加えたりして風味を与えたもの。ロシアやポーランド、スウェーデン、フィンランド、デンマークなど、主にウオッカをストレートで飲む地域でつくられている。

主なフレーバード・ウオッカ
- ズブロッカ（ズブロッカ草の香りをつける）
- スタルカ（ナシやリンゴの葉を浸し、少量のブランデーを加える）
- レモナヤ（レモンの香りをつける）
- オホトーニチヤ（ジンジャー、クローブ、ジュニパー・ベリーなどの香りをつけ、オレンジやレモンの皮で苦みをつける）

Catalog

スミノフ™

19世紀、ロシア皇帝御用達の栄誉を受け、今や販売量世界No.1*となった、正統派プレミアム。

- 度数 40度　容量 750㎖
- 生産 ディアジオ社
- 発売元 キリンビール

*IMPACT DATABANK2014による

ストリチナヤ ウオッカ

「首都」の名の通り、モスクワでつくられている。繊細なアロマとシルキーな口当たりが人気。

- 度数 40度　容量 750㎖
- 生産 SPI社
- 発売元 アサヒビール

グレイグース

最高品質を追求したフランス産の高級ウオッカ。ピュアで甘みのある、まろやかな仕上がり。

- 度数 40度　容量 700㎖
- 生産 バカルディ社
- 発売元 サッポロビール

ベルヴェデール

単一のライ麦と硬度0の超軟水が原料。クリーミーな舌触りとバニラのような香りが特徴。

- 度数 40度　容量 700㎖
- 生産 ポルモス・ビアリストック
- 発売元 MHDモエ ヘネシー ディアジオ

ズブロッカ

ポーランドの世界遺産、ビアウォヴィエジャの森のバイソングラスを漬け込んだウオッカ。

- 度数 40度　容量 500㎖
- 生産 ポルモス・ビアリストック社
- 発売元 サントリースピリッツ

スピリッツを知る 3

ラム

サトウキビからつくられ、船乗りに愛されたラムは、世界中で愛される蒸留酒です。発酵法や蒸留法の違いにより生まれるさまざまな味わいが、カクテルの世界を広げます。

人工的に持ちこまれた原料・製法でつくられたお酒

　ラムは西インド諸島を中心に、サトウキビからつくられる蒸留酒です。ラムの発祥には諸説ありますが、遅くとも17世紀にはヨーロッパから蒸留技術が渡り、サトウキビから蒸留酒をつくっていたそうです。

　18世紀、航海技術の発達によってラムは世界に知れ渡ります。イギリス海軍では水兵への支給品として、また、奴隷売買と密接な関係にある「三角貿易」の重要商品であったことも、ラムの普及に一役買ったといわれています。

　現在、ラムは西インド諸島に限らず、多くの国・地域で製造され、世界でもっともよく飲まれる酒のひとつです。

Sugarcane

ラムの歴史

15世紀末

サトウキビが西インド諸島へ

1492年のクリストファー・コロンブスの新大陸発見後、南欧スペインからサトウキビが持ちこまれたとされる。カリブ海に浮かぶ西インド諸島の気候とよく合い、サトウキビの一大生産地となる。

〜17世紀

ラムづくりが定着する

ラムの起源は諸説あり、ひとつは16世紀初頭、スペインの探検隊の隊員がつくったという説。もうひとつは、17世紀初頭にイギリス人がつくったという説。17世紀の記録に、サトウキビの蒸留酒についての記述があるため、そのころにはラムづくりが行われていた。

〜18世紀

三角貿易により
ヨーロッパへ

ヨーロッパ・西アフリカ・西インド諸島の三角貿易にて、ラム（黒人奴隷の身代金）・黒人奴隷（サトウキビ栽培の労働力）・糖蜜（ラムの原料）の重要商品が循環し、世界にラムの普及を促した。

ラムの種類

独特の風味が特徴
風味・色で分類される

　ラムは、風味と色で分けられます。

　風味による分類はライト、ミディアム、ヘビーの3つ。ライト・ラムは、飲み口や風味が軽く、ミディアム・ラムは香味となめらかな口当たりが特徴。ヘビー・ラムは風味が豊かです。

　色による分類はホワイト、ゴールド、ダークの3つ。活性炭処理して色と雑味を取り除いたホワイト・ラム、ウイスキーやブランデーに近い色をゴールド・ラム、濃褐色のものをダーク・ラムと分類します。

風味による分類

（軽）
ライト・ラム
連続式蒸留機で蒸留し、活性炭などでろ過してつくる。

ミディアム・ラム
発酵液の上澄みのみを蒸留し、樽で貯蔵。ライトとヘビーを混ぜるものも。

ヘビー・ラム
発酵液を単式蒸留機で蒸留し、内側を焦がした樽で数年熟成する。
（重）

色による分類

（淡）
ホワイト・ラム
樽貯蔵によって色がついた原酒をろ過し、無色透明のクリアな風味になる。

ゴールド・ラム
ホワイト・ラムを、カラメルなどで色づけする。色調はウイスキーに近い。

ダーク・ラム
色調が濃褐色で、樽貯蔵による褐色化に加えて、カラメルなどで着色。
（濃）

Catalog

バカルディ スペリオール（ホワイト）

世界120か国以上で愛されるバカルディ社の「コウモリのラム」。カクテルベースの大定番。

- 度数 40度　容量 750ml
- 生産 バカルディ社
- 発売元 サッポロビール

ロンリコ 151

カリブ産のヘビー・ラム。強いアルコール度数によるインパクトのある味わい。

- 度数 75度　容量 700ml
- 生産 ロンリコ・ラム社
- 発売元 サントリースピリッツ

アプルトン ホワイト

連続式蒸留機でライト＆ドライに仕上げた。クリーンでまろやかな味わいがカクテルに合う。

- 度数 40度　容量 750ml
- 生産 アプルトン社
- 発売元 アサヒビール

マイヤーズラム オリジナルダーク

厳選したジャマイカ産ラムを熟成してつくり出す華やかな香りが特徴のダークラム。

- 度数 40度　容量 700ml
- 生産 ディアジオ社
- 発売元 キリンビール

ロン サカパ23

独自の熟成法「ソレラ・システム」による、最高23年熟成の原酒を中心にブレンドした極上のラム。

- 度数 40度　容量 750ml
- 生産 リコレラ・サカパネカ社
- 発売元 MHDモエ ヘネシー ディアジオ

スピリッツを知る 4

テキーラ

多肉植物からつくられるメキシコ産のユニークな酒。メキシコ・オリンピックで注目を集め、世界4大スピリッツにまで大躍進しました。

山火事によって誕生した伝説をもつ蒸留酒

　テキーラはヒガンバナ科の竜舌蘭の一種からつくる蒸留酒です。

　もともとメキシコには「プルケ」という竜舌蘭の醸造酒があり、3世紀ごろには存在したといわれています。16世紀にメキシコを植民地化したスペイン人が、これを蒸留して、メスカル(テキーラの一種)をつくりました。

　メスカルが、テキーラと呼ばれるようになったのは20世紀になってから。植物学者のウェーバーが、テキーラ村周辺で採れる竜舌蘭がメスカルづくりに最適な品種であると特定。法律により、この品種でつくったメスカルのみを「テキーラ」としました。

テキーラの歴史

～15世紀
竜舌蘭の地酒「プルケ」

竜舌蘭でつくる酒・プルケは、西暦200年ごろにはすでに存在していたとされる。この地で栄えたアステカ文明の神話の中に竜舌蘭の神が描かれるなど、宗教的にも重要であった。原料にはアガベ・アトロビレンス、アガベ・アメリカーナという竜舌蘭を用いる。

16世紀
蒸留技術が持ちこまれる

16世紀にメキシコを植民地化したスペインが蒸留技術を持ちこみ、プルケを蒸留した酒・メスカルが生まれる。蒸留機の精度も低いため、現在のものよりも原料の香りや味わいが濃厚であったとされる。

20世紀
地酒から世界のテキーラへ

メスカルづくりに最適な品種が特定される。この品種を生産するメキシコの5つの州のメスカルのみが「テキーラ」を名のれるようになり、メキシコシティ・オリンピックなどにより世界へ広まった。

テキーラの種類

「テキーラ」をつくれるのは メキシコの5つの州のみ

「アガベ・アスール・テキラーナ」を51％以上使用し、特定の5つの州（下記参照）で生産されたメスカルのみ、「テキーラ」を名のれます。

テキーラは、熟成の程度によって3つに分類されます。ホワイト・テキーラは、青味の強いシャープな香りが特徴で蒸留後は、熟成させません。2か月以上樽で熟成し、金色に近いものをゴールド・テキーラ（テキーラ・レポサド）、1年以上樽で熟成させたものは、テキーラ・アネホと呼びます。

熟成期間による分類

短
ホワイト（＝ブランコ）
無色透明で竜舌蘭の青い香りがある。通常は蒸留後、すぐに出荷される。

ゴールド（レポサド）
蒸留後、2か月以上樽で熟成させたもの。薄い金色を帯びている。

長
アネホ
1年以上樽貯蔵することが法規で義務づけられている。まろやかな風味。

テキーラを生産できる州

テキーラをつくれるのは、上に挙げた5州のみ。他の地域のものは「ピノス」と呼ぶ。

Catalog

パトロン シルバー
甘くフレッシュな味わいと上品でまろやかな口当たりが魅力。ブルー・アガベだけを使用。

- 度数 40度　容量 750㎖
- 生産 バカルディ社
- 発売元 サッポロビール

クエルボ・エスペシャル
ストレートに最適な、コクのある味わいが人気。カクテルのベースとしても高い評価をもつ。

- 度数 40度　容量 750㎖
- 生産 ホセ・クエルボ社
- 発売元 アサヒビール

カサドレス レポサド
アメリカンオークの新樽で6か月熟成。リッチな香りとまろやかな味わいが印象的。

- 度数 40度　容量 750㎖
- 生産 バカルディ社
- 発売元 サッポロビール

テキーラ サウザ ゴールド
甘いキャラメル香とほのかに感じられるアガベ、スムースでまろやかな味わい。

- 度数 40度　容量 750㎖
- 生産 テキーラ・サウザ社
- 発売元 サントリースピリッツ

1800 アネホ
12か月に及ぶ樽熟成による、なめらかな舌触りとフルーティな芳香をもつ。余韻のある深い味わい。

- 度数 40度　容量 750㎖
- 生産 ホセ・クエルボ社
- 発売元 アサヒビール

スピリッツを知る 5
ウイスキー

錬金術師がつくった琥珀色の美酒

　錬金術師が生み出した強烈な酒は、不老長寿の秘薬として世界に広まりました。ウイスキーもそのひとつで、語源であるゲール語の「ウシュク・ベーハー」は、ラテン語の「アクア・ヴィテ（生命の水）」を直訳した言葉です。

　ウイスキーは、原料や製造法で分類されます。たとえば「シングル・モルト」は、単一の醸造所（シングル）で蒸留した、大麦麦芽（モルト）原酒のみを使用したもの。生産国により分類が異なるため、「世界5大ウイスキー」を産む、5つの産出国で分類します。

世界の5大ウイスキー

スコッチ・ウイスキー
英国スコットランド地方で生産。泥炭の香りが特徴のモルト・ウイスキーが有名。

アイリッシュ・ウイスキー
大麦麦芽、大麦、ライ麦、小麦などを原料につくられる。軽快な味わいが特徴的。

アメリカン・ウイスキー
赤みのある液体と香ばしい香りのバーボンは、トウモロコシが主原料。

カナディアン・ウイスキー
トウモロコシ主体のウイスキーに、ライ麦主体のウイスキーをブレンド。ライトな味わい。

ジャパニーズ・ウイスキー
大麦と穀類を用い、スコッチの流れをくんだ製法。マイルドな風味で、香りは華やか。

Catalog

シーバスリーガル 12年

スコッチ・ウイスキーを象徴する芸術的なブレンディング。円熟した味わいで不動の人気。

- 度数 40度　容量 700ml
- 生産 シーバス・ブラザーズ社
- 発売元 ペルノ・リカール・ジャパン

ワイルドターキー ライ

原料にライ麦を51％以上使用したウイスキー。スパイシーかつバニラ香漂う繊細な味わい。

- 度数 40度　容量 700ml
- 生産 オースティン・ニコルズ社
- 発売元 サントリースピリッツ

カナディアンクラブ クラシック 12年

ライ麦由来の華やかな香りをもつ。マイルドな口当たりと芯のあるコクが楽しめる。

- 度数 40度　容量 700ml
- 生産 ビームサントリー社
- 発売元 サントリースピリッツ

竹鶴 ピュアモルト

上質なモルト100％でつくる、香り豊かでスムースな飲み口のピュア・モルト・ウイスキー。

- 度数 40度　容量 700ml
- 生産 ニッカウヰスキー
- 発売元 アサヒビール

スピリッツを知る 6

ブランデー

ワインが生み出した芳醇なスピリッツ

ブランデーは、ワインを蒸留してつくる酒です。ブドウが原料の「グレープ・ブランデー」と、果物が原料の「フルーツ・ブランデー」があります。

グレープ・ブランデーの代表は、「コニャック」と「アルマニャック」。これらは、限られた地域でしか生産が許されておらず、他の地域のものはフレンチ・ブランデー、フランス以外は単にブランデーと呼びます。フルーツ・ブランデーは、原料リンゴの「カルヴァドス」やサクランボの「キルシュ」など多種多様。

グレープ・ブランデーの主な原産国

フランス コニャック
コニャック市のうち、2地域のみでつくられる。単式蒸留機で2回蒸留し、樽熟成を行う。

フランス アルマニャック
アルマニャック地方の3県で生産。半連続式蒸留機で1回蒸留し、ブラック・オーク樽で熟成。

フランス フレンチ・ブランデー
フランス産ブランデーの総称。上記2つの規格外は、オー・ド・ヴィー・ド・ヴァンと呼ぶ。

フランス マール（オー・ド・ヴィー・ド・マール）
ワインの搾りかすを発酵させ、蒸留してつくる。

イタリア グラッパ
ブドウの搾りかすでつくられる、イタリア製のブランデー。樽熟成をしないことが多い。

南米 アグアルディエンテ
スペイン語で「燃える水（＝蒸留酒）」。ブドウではなく、サトウキビの蒸留酒の場合も。

Catalog

ヘネシー V.S

世界中で愛されている銘品。エレガントでいきいきとした味わいは、コニャックのシンボルとも。

度数 40度　容量 700mℓ
生産 ヘネシー社
発売元 MHDモエ ヘネシー ディアジオ

カミュ VSOPエレガンス

ボルドリー産などの原酒を使用。ストレートやロック、ジンジャー・エール割りもおすすめ。

度数 40度　容量 700mℓ
生産 カミュ社
発売元 アサヒビール

シャボー XO

23〜35年熟成させた原酒を使用。華やかな香り、しっかりしたボディでエレガントな品質。

度数 40度　容量 700mℓ
生産 エム・ジー・セラーズ社
発売元 サントリースピリッツ

カルヴァドス ブラー グランソラージュ

熟したリンゴのフルーティな香りと熟成感との絶妙なバランス。なめらかな口当たりのカルヴァドス。

度数 40度　容量 700mℓ
生産 カルヴァドス・ブラー社
発売元 サントリースピリッツ

Part 2　材料の基礎知識

リキュールを知る

カクテルを彩るリキュール

リキュールはスピリッツに、フルーツやハーブなどの香味成分を配合した酒のことで、多くの場合は糖類や色素類を添加して味や色も高めています。香味原料の配合やベース・スピリッツ、加える材料などは、各メーカーの門外不出の製法とされています。

13世紀に薬酒として登場したリキュールは、上流階級の人々に珍重されます。16世紀には貴婦人たちが「液体の宝石」「飲む香水」と呼んでファッションに取り入れ、18世紀には庶民に普及。自家製のリキュールがつくられるようになり、技術の発達によって新しいリキュールが生まれ、多彩なカクテルの世界を広げ続けています。

香味原料は大きく分けて4種類

リキュールは、蒸留酒に香味成分を加えた酒のこと。香味原料はフルーツのエキスを加えたフルーツ系、ハーブ類の香味をつけたハーブ・スパイス系、コーヒーやカカオなどのナッツ・種子・核系、卵やクリームなどの特殊系の4種類です。

決め手は香味成分の抽出

香味成分を抽出する方法は、「浸漬法」「蒸留法」「パーコレーション法」「エッセンス法」の大きく4通り。原料によって適した抽出法が変わるため、通常、複数の方法を組み合わせます。方法については、各原料のコーナーで紹介します。

錬金術師が生み出した？

リキュールのはじまりは、13世紀末、ローマ教皇の侍医も務めた錬金術師アルノー・ド・ヴィルヌーヴがつくった「ロー・クレレット」という薬酒といわれています。さまざまな薬草を溶かしたリキュールは、貴重な薬品として扱われました。

日本では分類があいまい

日本の酒税法上では「酒類と糖類、その他のものを原料とし、エキス分が2度以上」のものがリキュールと定義されます。サワーなども含まれるため、通常「リキュール」という場合は、蒸留酒に香味成分を加えたものを前提としています。

リキュールを知る 1

フルーツ系

フルーツの数だけ存在する
豊かなバリエーション

　フルーツの香味が添加されたリキュール。ベリー類やトロピカル・フルーツなど果肉から抽出する方法と、オレンジなどの柑橘類の果皮から抽出する方法があります。前者の場合、ベース・スピリッツに原料を浸す「浸漬法」のうち、数日～数か月浸して香味を移す「冷浸漬」で、後者はスピリッツとともに単式蒸留機で蒸留する「蒸留法」で香味を抽出。同じフルーツでも、配合や製法によって味わいが異なります。

主な材料	
果肉	チェリー アプリコット ピーチ ベリー メロン 洋ナシ　など
果皮系	オレンジ マンダリン レモン　など
トロピカル系	バナナ ココナッツライチ パイナップル パッションフルーツ　など

リキュールを知る 2

ハーブ・スパイス系

リキュールの始まりとされる
個性的な味わい

　薬酒として始まったリキュールにとって、ハーブやスパイスは重要な原料。ハーブ類は多くの果実系リキュールにも用いられ、味わいに深みを与えます。ハーブ類はあらかじめ温水に漬けこませ、スピリッツを加えて浸漬する「温浸漬」という方法で、一方で精油分が含まれるアニスなどの種子系スパイスは「蒸留法」でスピリッツに香味を溶かしこみます。現在は苦みを抑え、飲みやすく仕上げています。

主な材料と特徴	
ビター系	苦み、薬草風味
パスティス系	アニス、リコリス風味
ベネディクティン系	バニラ、ハチミツ、苦み、アーモンド風味
ガリアーノ系	アニス、バニラ、薬草風味
ドランブイ系	ウイスキー、ハチミツ、薬草風味
その他	ペパーミント、ニオイスミレ、緑茶、紅茶

リキュールを知る 3

ナッツ・種子・核系

ビターで甘く香ばしい
濃厚な味わい

　果実の種子や核、コーヒー豆、バニラなどの香りをつけたリキュール。糖類やスパイスを加え、香味のバランスをととのえて仕上げていきます。洋菓子の香りづけやシロップとして使われるなど、カクテル以外にも使用されています。香味は「冷浸漬」や、コーヒーをいれるようにスピリッツ・熱湯を循環させる「パーコレーション法」で抽出します。

主な材料	
ナッツ系	ヘーゼルナッツ、クルミ、マカダミアナッツ
種子系	コーヒー、カカオ
核系	アンズの核

リキュールを知る 4

特殊系

ユニークな材料を使った
新しいリキュール

　卵や乳製品といった動物性成分をスピリッツに混ぜ合わせた、乳液状のリキュール。特殊系リキュールが製品化されたのは20世紀で、アドヴォカートという名前の卵酒に始まります。1970年代、食品加工上では不可能とされていたアルコールとクリームを融合させる技術が開発されたことにより、クリームを使ったリキュールが誕生します。以来、特殊系リキュールの代表格となりました。

主な材料と特徴	
クリーム系	ウイスキー・ブランデーベース、チョコレート・クリーム、ストロベリー・クリーム
その他	卵、ミルク、ヨーグルト

Liqueur's Catalog

フルーツ系

グラン マルニエ コルドン ルージュ
厳選されたコニャックとカリブ海のビター・オレンジから生まれたプレミアムなオレンジ・リキュール。

度数	40度	容量	700ml
生産	マルニエ・ラポストール社		
発売元	ドーバー洋酒貿易		

ボルス ブルー
フルーティなフレーバーが特徴。果皮を多く使用し、甘いシトラス香を生かした味わい。

度数	21度	容量	700ml
生産	ルーカス・ボルス社		
発売元	アサヒビール		

ルジェ クレーム ド カシス
良質なカシスの甘く豊かな香り、ほのかな酸味が人気の元祖カシス・リキュール。

度数	20度	容量	700ml
生産	ルジェ・ラグート社		
発売元	サントリースピリッツ		

コアントロー
ビターとスイート、2種のオレンジ果皮を完璧なバランスでブレンド。100%ナチュラルでリッチなアロマ。

度数	40度	容量	700ml
生産	レミー コアントロー社		
発売元	レミー コアントロー ジャパン		

ハーブ・スパイス系

カンパリ
数々のハーブ・スパイスでつくられるイタリアを代表するほろ苦いリキュール。赤い色が特徴。

度数	25度	容量	750ml
生産	ダヴィデ・カンパリ社		
発売元	サントリースピリッツ		

ペルノ
多くの芸術家に愛され、200年の歴史を誇るアニス・リキュール。水で割ると色の変化が楽しめる。

度数	40度	容量	700ml
生産	ペルノ社		
発売元	ペルノ・リカール・ジャパン		

ベネディクティン DOM
フランスを代表する伝統の薬草系リキュール。どっしりとした円熟した甘みが特徴。

度数	40度	容量	750ml
生産	バカルディ社		
発売元	サッポロビール		

ドランブイ
スコッチウイスキーとさまざまなハーブを配合。ハーブの香りがきいた深い味わい。

度数	40度	容量	750ml
生産	ドランブイ・リキュール社		
発売元	サントリースピリッツ		

ナッツ・種子・核系

カルーア コーヒー リキュール
アラビカ種のコーヒー豆でつくるリキュール。深くまろやかなコクと甘い風味が好バランス。

度数	20度	容量	700ml
生産	T・A・C社		
発売元	サントリースピリッツ		

特殊系

ベイリーズ オリジナル アイリッシュ クリーム
特殊系の金字塔。クリームとアイリッシュ・ウイスキーのとろけるような味わい。

度数	17度	容量	700ml
生産	ディアジオ社		
発売元	キリンビール		

その他のベースを知る 1

ワイン

もっとも古い歴史をもつ「キリストの血」

「パンはわが肉、ワインはわが血」とするキリスト教布教の広がりとともにヨーロッパ全域に広がったワインは、現在飲まれている酒の中で、もっとも古い歴史をもっています。

　コルク栓が開発された17世紀にはシャンパン、18世紀にはワインに蒸留酒を加えたシェリーやポート・ワインが登場し、バリエーションも発展。カクテルには、さわやかで上品な味わいに仕上がるシャンパンがよく使われます。

ワインの分類

スティル・ワイン
無発泡性の一般的なワインのこと。スティル(still)とは静かなという意味。赤・白・ロゼの3種類がある。

スパークリング・ワイン
発泡性ワイン。このうちフランスのシャンパーニュ地方生産のものだけが、シャンパンと呼ばれる。

フォーティファイド・ワイン
ワインの製造過程で蒸留酒を加えて甘みや、保存性を高めたものなどがある。アルコール強化ワインとも。

フレーバード・ワイン
スティル・ワインをベースに香草類や果実、ハチミツなどの香味をつけたもの。ベルモットやデュボネなど。

その他のベースを知る 2

ビール

液体のパンと呼ばれる世界中で飲まれる酒

　大麦麦芽と水、ホップを主原料とするビールは、ワインの次に長い歴史をもち、世界で一番多く生産、消費されている酒です。栄養価が高いため、キリスト教徒に「液体のパン」と呼ばれて愛飲されました。ビールは発酵方法により、上面発酵(エール)、下面発酵(ラガー)、自然発酵に分けられ、さらにさまざまなスタイルに細分されます。カクテルに使う場合は、各スタイルの個性を楽しむことができます。

ビールの分類

上面発酵	淡色	イギリスのペール・エール、ドイツのケルシュやヴァイツェンなど。香味成分を残しているため、香りが豊か。
	中等色	アメリカのIPA、ドイツのアルトなど、銅褐色にホップの苦みが強く感じられる。
	濃色	アイルランドの「ギネス」に代表されるスタウトなど、麦芽の香味と苦みが特徴。
下面発酵	淡色	チェコのピルゼン発祥のピルスナー・スタイル。日本のビールの多くがこのタイプ。
	中等色	赤みがかった色の芳醇なビール。ウィンナスタイル・ラガーやメルツェンなど。
	濃色	デュンケルやシュバルツ、ラオホやボックなど。個性が強く風味の違いが顕著。
自然発酵		ベルギーのランビックなど。色は黄や赤などさまざまあり、独特の酸味が特徴。

その他のベースを知る 3

日本酒

**あまり知られていない
新鮮なカクテルをつくる**

　日本人の主食・米からつくられる日本酒。『古事記』や『日本書紀』にも酒づくりに関する記述があり、平安時代には現在とほぼ変わらない製造法だったとされます。江戸時代、各地からさまざまな日本酒が江戸に集まり、切磋琢磨する中で「清酒」に仕上げる技術が確立。カクテルに日本酒を用いるのはまだ珍しく、吟醸香といわれる日本酒特有の豊かな香りや、さわやかな味わいが新鮮な驚きを与えてくれます。

日本酒の分類

	純米酒系	精米歩合	本醸造酒系
特定名称酒	純米大吟醸	50%以下	大吟醸
	純米吟醸	60%以下	吟醸
	純米	規定なし	70%以下	本醸造
普通酒	特定名称酒以外の清酒のこと。精米歩合が71%以上、規定量以上の醸造アルコールや糖類・アミノ酸などを添加したものが、普通酒に該当される。		

その他のベースを知る 4

焼酎

**豊富な原料からつくられる
日本古来のスピリッツ**

　古代エジプトで生まれた蒸留技術が東南アジアから琉球王国(沖縄)、九州へと伝わり発生した、いわば和製のスピリッツ。イモ類や米、麦などの穀類を始め、ゴマやアワ、ソバ、酒かす、黒糖など多種多様な原料からつくられ、焼酎ほど多くの種類をもつ蒸留酒は世界でも珍しいといえます。原料や製法によって風味に違いがはっきりと現れるので、カクテルに使用する種類は指定されている場合がほとんどです。

焼酎の分類

連続式蒸留焼酎(甲類)

一般にホワイト・リカーと呼ばれるもので、ほぼ無味無臭。酎ハイなどに用いられる。糖蜜や穀類を原料とし、連続式蒸留機で得た純粋なアルコールに加水してアルコール度数36度未満まで調整する。

単式蒸留焼酎(乙類)

単式蒸留機でつくられるアルコール度数45度以下の焼酎。本格焼酎とも。泡盛もこれに分類される。原料の持ち味を生かしてつくられ、糖質やでんぷん質を含む食材であれば、すべて原料になりうる。

Part 2　材料の基礎知識

Column

世界のスピリッツ

世界には、まだ知られざるスピリッツがたくさん。
ここではその一部を紹介します。

比較的有名なものは、ブラジルの伝統的なラムの一種「ピンガ」。ヘルシンキ・オリンピック以降、北欧諸国特産のジャガイモ酒「アクアビット」も飲まれるようになりました。ドイツの「コルン」は穀物を意味し、現地ではビールと交互に飲んで体を温める習慣があります。江戸時代に日本に伝わった「アラック」は、東南アジア・中近東の蒸留酒。国や地域によって原料が異なり、焼酎の多様化に影響したとされます。

主なその他のスピリッツ

ピンガ
サトウキビの搾り汁をそのまま発酵させて単式蒸留でスピリッツにするため、原料由来の香りが豊か。

アクアビット
ジャガイモを原料に連続式蒸留機で蒸留したスピリッツ。キャラウェイなどの香草類で香味づけする。

コルン
大麦などの穀類を原料に、香りづけをしないドイツ独特の蒸留酒。コルンブラントヴァイン(穀物ブランデー)が縮まって今の名に。

アラック
東南アジアから中近東で生産。ヤシの実や糖蜜、もち米、キャッサバ(タピオカの木)などが原料。

レシピ例

ピンガを使用した夏にぴったりな1杯

Caipirinha
カイピリーニャ

材料
- ピンガ(カサッシャとも呼ぶ) 45㎖
- パウダー・シュガー 1〜2tsp.
- ライム 1/2〜1個

30度	中口
ビルド	オール
オールド・ファッションド・グラス	

作り方 グラスに細かくカットしたライムと、パウダー・シュガーを入れてよくつぶす。氷を加えてピンガを注ぎ、ステアする。

ポルトガル語で「田舎娘」という意味のカクテル。香味豊かなピンガに、フレッシュ・ライムや糖類を加えて、飲みやすく仕上げる。

Part 3

カクテルレシピ

定番カクテルを先頭に、
ベースごとのカクテルのレシピと、
由来や味わいなどを紹介します。

Gin Cocktail

ジン・ベース

カクテルのベースとしてもっともよく使われているジンは、
穀類を蒸留し、ジュニパーベリー（杜松の実）などの
香辛料で香りづけされ、無色透明。
アルコール40度以上の多くの製品は
ドライ・ジンと呼ばれ、辛口です。

[CONTENTS]

ジン・トニック……p.66	ネグローニ……p.80
ギムレット……p.67	パラダイス……p.81
マティーニ……p.67	ピンク・レディ……p.81
アースクエイク……p.68	ブルー・ムーン……p.82
青い珊瑚礁……p.68	ホワイト・レディ……p.82
アラウンド・ザ・ワールド……p.69	ミリオン・ダラー……p.83
アラスカ……p.69	ロングアイランド・アイスティ……p.83
アレキサンダーズ・シスター……p.70	
エンジェル・フェイス……p.70	
オレンジ・フィズ……p.71	
オレンジ・ブロッサム……p.71	
カジノ……p.72	
カフェ・ド・パリ……p.72	
カンパリ・カクテル……p.73	
キッス・イン・ザ・ダーク……p.73	
ギブソン……p.74	
クラシック・ドライ・マティーニ……p.74	
コスモポリタン・マティーニ……p.75	
ジェイ・エフ・ケー……p.75	
ジン・アンド・イット……p.76	
シンガポール・スリング……p.76	
ジン・デイジー……p.77	
ジン・バック……p.77	
ジン・フィズ……p.78	
ジン・リッキー……p.78	
セブンス・ヘブン……p.79	
ダーティ・マティーニ……p.79	
トム・コリンズ……p.80	

定番 すっきり味わいの
定番カクテルGin & Tonic

Gin & Tonic
ジン・トニック

材料
- ドライ・ジン　　　　　45㎖
- トニック・ウォーター　　適量

作り方 氷を入れたタンブラーにドライ・ジンを注ぎ、冷えたトニック・ウォーターを満たして軽くステアする。カット・ライムを搾って入れても。

イギリスから世界に広まったカクテル。トニック・ウォーターがジンへのフックとなり、飽きさせない味わいに。ライムを搾れば、すっきりとした爽快感が満喫できる。好みで、レモン・スライスに変えてもOK。

| 16度 | 中辛口 | ビルド |
| オール | タンブラー | |

ジン・ベース

定番 小説の名台詞で一躍有名に

Gimlet
ギムレット

材料
- ドライ・ジン 60ml
- ライム・ジュース 20ml

作り方 シェーカーにすべての材料と氷を入れる。シェークして、カクテル・グラスに注ぐ。

19世紀末頃、イギリス海軍医のギムレット卿が将校の健康を考慮し、ジンとライム・ジュースを混ぜて飲むように推奨したことが起源といわれる。レイモンド・チャンドラーの『長いお別れ』に登場する「ギムレットには早すぎる」という名台詞でファンを生み出した。

| 33度 | 辛口 | シェーク |
| オール | カクテル・グラス |

定番 圧倒的な支持を得る傑作カクテル

Martini
マティーニ

材料
- ドライ・ジン 60ml
- ドライ・ベルモット 20ml

作り方 氷を入れたミキシング・グラスにすべての材料を入れてステアし、カクテル・グラスに注ぐ。カクテル・ピンに刺したスタッフド・オリーブを沈めても

キング・オブ・カクテルと称され、配分や銘柄などでつくり手の腕が試される。そのレシピは時代の移ろいとともに変化し、今ではドライ・ベルモットを使うのが定番。名前の由来はイタリアのベルモットの製造会社マティーニから。

| 42度 | 辛口 | ステア |
| 食前 | カクテル・グラス |

激震クラスの強烈なアルコール度数

Earthquake

アースクエイク

材料

■ ドライ・ジン	25㎖
■ ウイスキー	25㎖
■ ペルノ	25㎖

作り方 シェーカーにすべての材料と氷を入れてシェークし、カクテル・グラスに注ぐ。

飲むと地震（Earthquake）に遭ったように体が揺れることから名づけられた、アルコール度数が高いカクテル。ドライ・ジンとウイスキー、さらに香味の強いペルノが融合し、刺激的ながらもすっきりした風味が感じられる。

- 42度
- 辛口
- シェーク
- オール
- カクテル・グラス

日本生まれの魅せるカクテル

Aoi Sangosho

青い珊瑚礁

材料

■ ドライ・ジン	55㎖
■ ペパーミント（グリーン）	25㎖
■ レモン	適量
■ マラスキーノ・チェリー	1個

作り方 シェーカーにドライ・ジン、ペパーミント、氷を入れてシェークし、縁をレモンで塗らしたカクテル・グラスに注ぐ。マラスキーノ・チェリーを沈める。

日本の戦後初のカクテル・コンクール優勝作品であり、ペパーミントの美しいカクテル。当時はジンとペパーミントを混ぜるカクテルは目新しく、斬新だった。

- 38度
- 中甘口
- シェーク
- オール
- カクテル・グラス

ジン・ベース

飲めばたちまち南国へ誘う
Around the World
アラウンド・ザ・ワールド

材料
- ドライ・ジン　　　　　　　　50mℓ
- ペパーミント(グリーン)　　　15mℓ
- パイナップル・ジュース　　　15mℓ

作り方 シェーカーに氷とすべての材料を入れてシェークし、カクテル・グラスに注ぐ。好みでミント・チェリーを飾る。

飛行機の世界一周路線の運航開始記念として開催された創作カクテル・コンクールの優勝作品。地球を思わせるグリーンと、ミントの爽快さ、パイナップルの酸味と甘みでバケーション気分に。

| 35度 | 中甘口 | シェーク |
| オール | カクテル・グラス ||

香草の風味と後味すっきりがうれしい大人カクテル
Alaska
アラスカ

材料
- ドライ・ジン　　　　　　　　60mℓ
- シャルトリューズ(イエロー)　20mℓ

作り方 シェーカーにすべての材料と氷を入れてシェークし、カクテル・グラスに注ぐ。

カクテルのなかでも、アルコール度数の高さは指折り。ジンとシャルトリューズはシンプルながら抜群の相性をもつ。シャルトリューズ・ジョーヌ(イエロー)をヴェール(グリーン)に替えれば、グリーン・アラスカになる。

| 45度 | 中辛口 | シェーク |
| 食前 | カクテル・グラス ||

Part 3　カクテルレシピ

上品さを醸し出す翡翠色カクテル

Alexander's Sister
アレキサンダーズ・シスター

材料
- ドライ・ジン　　　　　　　　　40ml
- クレーム・ド・ミント（グリーン）20ml
- 生クリーム　　　　　　　　　　20ml

作り方　シェーカーにすべての材料と氷を入れて十分にシェークし、カクテル・グラスに注ぐ。

ブランデー・ベースのアレキサンダー（p.144）の姉妹版。ミントのさわやかな口当たりと生クリームのなめらかな味わいが女性に人気。ミントが胃の消化作用を助けてくれるので、食後酒におすすめ。

| 32度 | 甘口 | シェーク |
| 食後 | カクテル・グラス | |

天使が微笑む芳醇な香り

Angel Face
エンジェル・フェイス

材料
- ドライ・ジン　　　　　　　　　25ml
- アップル・ブランデー　　　　　25ml
- アプリコット・ブランデー　　　25ml

作り方　シェーカーにすべての材料と氷を入れてシェークし、カクテル・グラスに注ぐ。

辛口のジンに、りんごとアプリコット・ブランデーが生み出す上品な香りと口当たり、さらにまろやかな風味がある飲みやすいカクテル。アルコールのパンチが効いているので、飲みすぎには注意。

| 40度 | 中口 | シェーク |
| オール | カクテル・グラス | |

ジン×オレンジで喉ごしすっきり

Orange Fizz
オレンジ・フィズ

材料
- ドライ・ジン　　　　　　　　　45㎖
- オレンジ・ジュース　　　　　　30㎖
- レモン・ジュース　　　　　　　15㎖
- 砂糖　　　　　　　　　　　　1tsp.
- ソーダ　　　　　　　　　　　　適量

作り方 シェーカーにソーダ以外の材料を入れてシェークし、氷を入れたタンブラーに注ぐ。タンブラーをソーダで満たしたあと、軽くステアする。

ジンと柑橘系の相性は抜群。そこへソーダの爽快な喉ごしが加わり、さっぱりした味わいに。グラスを冷やしておくとおいしさ倍増。

| 16度 | 中口 | シェーク |
| オール | タンブラー ||

花嫁の幸せをおすそわけ

Orange Blossom
オレンジ・ブロッサム

材料
- ドライ・ジン　　　　　　　　　50㎖
- オレンジ・ジュース　　　　　　30㎖

作り方 シェーカーにすべての材料と氷を入れてシェークし、カクテル・グラスに注ぐ。

花と実を同時につけるオレンジは、愛と豊穣のシンボル。アメリカではウェディングドレスにオレンジの花を飾る慣習があり、披露宴のアペリティフとしても飲まれることも。花嫁の喜びを一身に感じる、幸せあふれる1品。

| 31度 | 中口 | シェーク |
| オール | カクテル・グラス ||

| 37度 | 中辛口 | ステア |
| オール | カクテル・グラス | |

フルーティなのにさっぱりした飲み口

Casino

カジノ

材料

- ドライ・ジン　　　　　　　80ml
- マラスキーノ　　　　　　　2dash
- オレンジ・ビターズ　　　　2dash
- レモン・ジュース　　　　　2dash

作り方 ミキシング・グラスにすべての材料と氷を入れてステアし、カクテル・グラスに注ぐ。カクテル・ピンに刺したマラスキーノ・チェリーをお好みで。

香り立つマラスキーノは、サクランボが原料。レモン・ジュースとオレンジ・ビターズが加わり、フルーティな風味に。ジンの分量が多いのでアルコール度数が高め。

| 25度 | 中口 | シェーク |
| オール | カクテル・グラス | |

パリの街並みを彷彿させる上品さ

Café de Paris

カフェ・ド・パリ

材料

- ドライ・ジン　　　　　　　60ml
- アニゼット　　　　　　　　1tsp.
- 生クリーム　　　　　　　　1tsp.
- 卵白　　　　　　　　　　　1個分

作り方 シェーカーにすべての材料と氷を入れて十分にシェークし、カクテル・グラスに注ぐ。

生クリームと卵白をシェークしてできる泡は、限りなく繊細。舌触りがよく、そのクリーミーさとアニゼットの甘い風味とともに極上の飲み心地を与えてくれる。甘さは控えめ。

ビターな味わいがクセになる

Campari Cocktail
カンパリ・カクテル

材料
- ドライ・ジン　　　　　　　　40ml
- カンパリ　　　　　　　　　　40ml

作り方 ミキシング・グラスにすべての材料と氷を入れてステア。ストレーナーをかぶせてカクテル・グラスに注ぐ。

イタリアのアペリティフの中でも、もっともよく知られたリキュールのカンパリ。60種類ものハーブ＆スパイスが使われており、鮮やかな赤い色と独特の苦み、ほのかな甘みが特徴。辛口のドライ・ジンとミキシングすることで、より大人のテイストになる。

| 36度 | 中口 | ステア |
| 食前 | カクテル・グラス ||

夜を盛り上げる甘く芳醇な香り

Kiss in the Dark
キッス・イン・ザ・ダーク

材料
- ドライ・ジン　　　　　　　　25ml
- チェリー・ブランデー　　　　25ml
- ドライ・ベルモット　　　　　25ml

作り方 ミキシング・グラスにすべての材料と氷を入れてステアし、ストレーナーをかぶせてカクテル・グラスに注ぐ。

マティーニ（p.67）の組み合わせに、チェリー・ブランデーを加えて、甘い香りが漂うカクテルに。その名にふさわしい、ロマンチックな夜を過ごしたいときにぴったりなカクテル。

| 30度 | 中口 | ステア |
| オール | カクテル・グラス ||

辛口マティーニに輝くホワイトパール
Gibson
ギブソン

42度	中口	シェーク
食前	カクテル・グラス	

材料

■ ドライ・ジン	65㎖
■ ドライ・ベルモット	15㎖

作り方 シェーカーにすべての材料と氷を入れてシェークし、カクテル・グラスに注ぐ。カクテル・ピンに刺したパール・オニオンを沈めてもOK。

レシピはマティーニ(p.67)とほぼ同じだが、ジンを多めに入れてやや辛口に仕上げる。19世紀末の人気イラストレーターのチャールズ・ダナ・ギブソンのアイデアで、パール・オニオンを入れたといわれている。

カクテルの王様の中でももっとも辛口
Classic Dry Martini
クラシック・ドライ・マティーニ

40度	辛口	ステア
食前	カクテル・グラス	

材料

■ ドライ・ジン	55㎖
■ ドライ・ベルモット	25㎖
■ オレンジ・ビターズ	1dash

作り方 ミキシング・グラスにすべての材料と氷を入れてステアし、ストレーナーをかぶせてカクテル・グラスに注ぐ。

カクテルの王様であるマティーニの種類は300以上。甘口がスタンダードだったが、20世紀に入ってからは辛口のマティーニが好まれるように。ジンの割合が多く、マティーニの中でもっとも辛口。

ジン・ベース

果汁たっぷりのフルーティな1杯

Cosmopolitan Martini
コスモポリタン・マティーニ

材料

- ドライ・ジン　　　　　　　　　25㎖
- グラン・マルニエ　　　　　　　15㎖
- クランベリー・ジュース　　　　25㎖
- ライム・ジュース　　　　　　　15㎖

作り方 シェーカーにすべての材料と氷を入れてシェークし、カクテル・グラスに注ぐ。

クランベリー、ライム、オレンジ（グラン・マルニエ）の果汁の甘みに、ジンのさっぱりした辛みで、やさしい味わいに。「コスモポリタン＝世界人」という名のとおり、すべての人に愛されるカクテル。

| 22度 | 中口 | シェーク |
| オール | カクテル・グラス | |

タンカレー・ジンがすっきりさせる

JFK
ジェイ・エフ・ケー

材料

- タンカレー・ジン　　　　　　　45㎖
- グラン・マルニエ　　　　　　　15㎖
- ドライ・シェリー　　　　　　　15㎖
- オレンジ・ビターズ　　　　　2dash

作り方 ミキシング・グラスにすべての材料と氷を入れてステアし、カクテル・グラスに注ぐ。好みでカクテル・ピンに刺したスタッフド・オリーブを沈め、オレンジ・ピールを搾る。

タンカレー・ジンを愛飲していたという、アメリカ35代大統領のジョン・F・ケネディへのオマージュとして創作されたカクテル。

| 39度 | 辛口 | ステア |
| 食前 | カクテル・グラス | |

| 31度 | 中辛口 | ビルド |
| 食前 | カクテル・グラス | |

名高いカクテルの王道

Gin & It
ジン・アンド・イット

材料
- ドライ・ジン　　　　　　　　40ml
- スイート・ベルモット　　　　40ml

作り方 カクテル・グラスにドライ・ジン、スイート・ベルモットの順に注ぐ。

マティーニの原型ともいわれる、シンプルなレシピと取り合わせ。製氷機がない時代につくられたため、ジンもベルモットも常温でつくるのが元来のスタイル。フレーバード・ワインのスイート・ベルモットにより、やわらかい甘さを感じる。ジン・イタリアンと呼ばれることも。

| 15度 | 中辛口 | シェーク |
| オール | コリンズ・グラス | |

トロピカル・カクテルの傑作

Singapore Sling
シンガポール・スリング

材料
- ドライ・ジン　　　　　　　　45ml
- チェリー・ブランデー　　　　25ml
- レモン・ジュース　　　　　　20ml
- ソーダ　　　　　　　　　　　適量

作り方 シェーカーにソーダ以外のすべての材料と氷を入れてシェークし、コリンズ・グラスに注ぐ。氷を加えたら冷やしたソーダで満たし、軽くステアする。スライス・レモンを沈めても。

トロピカル・カクテルの傑作と称され、ホテルから眺めるマラッカ海峡に沈む夕日をイメージしたエキゾチックなカクテル。

ジン・ベース

やさしい可憐なピンク色
Gin Daisy
ジン・デイジー

材料
- ドライ・ジン　　　　　　　　　45ml
- レモン・ジュース　　　　　　　20ml
- グレナデン・シロップ　　　　　2tsp.

作り方 シェーカーにすべての材料と氷を入れてシェークし、クラッシュド・アイスを詰めたシャンパン・グラスに注ぐ。好みでスライス・レモンやミントの葉を。

辛口のジンに、レモン・ジュースとグレナデン・シロップをブレンドして飲みやすい1杯。デイジー（ヒナギク）をイメージする、透明感のあるピンク色がチャーム・ポイント。

| 16度 | 中辛口 | シェーク |
| オール | シャンパン・グラス(ソーサ型) | |

さわやかな飲み口で愛された
Gin Buck
ジン・バック

材料
- ドライ・ジン　　　　　　　　　45ml
- レモン・ジュース　　　　　　　20ml
- ジンジャー・エール　　　　　　適量

作り方 氷を入れたコリンズ・グラスにドライ・ジン、レモン・ジュースを注ぎ、冷やしたジンジャー・エールで入れ、軽くステア。好みでカット・ライムを。

スピリッツにレモン・ジュースとジンジャー・エールを加えて作るスタイルを「バック」という。バック(Buck)は「雄鹿」を意味し、キックのある飲み物ということから名づけられた説がある。

| 16度 | 中口 | ビルド |
| オール | コリンズ・グラス | |

Part 3　カクテルレシピ

16度	中辛口	シェーク
オール		タンブラー

甘さ控えめのさっぱりとした喉ごし

Gin Fizz
ジン・フィズ

材料

■ ドライ・ジン	45㎖
■ レモン・ジュース	20㎖
■ 砂糖	2tsp.
■ ソーダ	適量

作り方 ▶ シェーカーにソーダ以外の材料と氷を入れシェークし、氷を入れたタンブラーに注いで冷やしたソーダで満たす。

フィズの代表的カクテル。フィズの名前は、炭酸がはじける音からつけられた。1888年、アメリカ・ニューオリンズにあるサロンのオーナーがレモン・スカッシュにジンを入れたことが始まりといわれる。

16度	辛口	ビルド
オール		タンブラー

好みの味を模索しながら楽しむ

Gin Rickey
ジン・リッキー

材料

■ ドライ・ジン	45㎖
■ ソーダ	適量
■ カット・ライム	1個

作り方 ▶ タンブラーにカット・ライムを搾って入れ、氷を加えてジンを注ぐ。冷やしたソーダで満たし、軽くステアする。

「リッキー」はスピリッツにライムやレモンとソーダを加えるスタイル。マドラーで果肉を潰して調味する。19世紀末、アメリカのワシントンD.C.のレストランで夏向きの飲み物として考案。最初に飲んだ客の名前がつけられた。

ジン・ベース

雲間に覗くミントが天国を彷彿させる

Seventh Heaven
セブンス・ヘブン

材料

■ ドライ・ジン	60㎖
■ マラスキーノ	20㎖
■ グレープフルーツ・ジュース	1tsp.
■ ミント・チェリー	1個

作り方 シェーカーにミント・チェリー以外の材料と氷を入れてシェークし、カクテル・グラスに注ぐ。ミント・チェリーを沈める。

マラスキーノがほのかに香る1杯。霞みがかった液体の中に沈むミント・チェリーが、イスラム教最高位の天使が住む「第7番目の天国」をイメージさせる。

| 40度 | 中口 | シェーク |
| オール | カクテル・グラス | |

オリーブのコクを堪能する奥深い味わい

Dirty Martini
ダーティ・マティーニ

材料

■ ドライ・ジン	80㎖
■ オリーブ浸漬ジュース	1tsp.
■ スタッフド・オリーブ	2個

作り方 シェーカーにドライ・ジン、オリーブ浸漬ジュースと氷を入れてシェークし、カクテル・グラスに注ぐ。カクテル・ピンに刺したスタッフド・オリーブを沈める。

オリーブ漬けの汁を使うことで、色が濁るため「ダーティ(汚れた)」がつけられた。オリーブ漬けの汁が味のまとめ役となり、コクのある深い味わいに変えている。

| 43度 | 辛口 | シェーク |
| 食前 | カクテル・グラス | |

ロンドン生まれの人気者
Tom Collins
トム・コリンズ

材料
- ドライ・ジン　　　　　　60ml
- レモン・ジュース　　　　20ml
- シュガー・シロップ　　　2tsp.
- ソーダ　　　　　　　　　適量

作り方 氷を入れたコリンズ・グラスにソーダ以外の材料を注ぎステアする。冷やしたソーダを満たし、軽くステアする。好みでカット・ライムを搾って入れる。

19世紀半ば、ロンドンのバーテンダー、ジョン・コリンズが創作。ベースを人気のオールド・トム・ジンに替え、「トム・コリンズ」とした。現在はドライ・ジンで作る。

| 11度 | 中口 | ビルド |
| オール | コリンズ・グラス | |

美食家が愛飲した芳醇なカクテル
Negroni
ネグローニ

材料
- ドライ・ジン　　　　　　30ml
- カンパリ　　　　　　　　30ml
- スイート・ベルモット　　30ml

作り方 氷を入れたオールドファッションド・グラスにすべての材料を注ぎ、ステアする。

ほろ苦いカンパリ、芳醇なベルモット、キリッとしたジンが三位一体となり、豊かな大人の味わいを感じさせる。フィレンツェのレストランの常連客で美食家のカミーロ・ネグローニ伯爵が食前酒として好んだといわれる。

| 29度 | 中口 | ビルド |
| 食前 | オールドファッションド・グラス | |

ジン・ベース

楽園の風がそよぐフルーティ・カクテル
Paradise
パラダイス

材料
- ドライ・ジン　　　　　　　　　40ml
- アプリコット・ブランデー　　　20ml
- オレンジ・ジュース　　　　　　20ml

作り方　シェーカーにすべての材料と氷を入れてシェークし、カクテル・グラスに注ぐ。

甘酸っぱいフルーティな風味をジンですっきりと仕上げた飲み口が、パラダイスを連想させてくれる、心が躍るカクテル。辛口が好みなら、ジンをやや多めにして、アプリコット・ブランデーの量を抑えても。

| 30度 | 中甘口 | シェーク |
| オール | カクテル・グラス ||

女性が思わず手にとる輝くピンク色
Pink Lady
ピンク・レディ

材料
- ドライ・ジン　　　　　　　　　55ml
- グレナデン・シロップ　　　　　15ml
- レモン・ジュース　　　　　　　1tsp.
- 卵白　　　　　　　　　　　　　1個分

作り方　シェーカーにすべての材料と氷を入れて十分にシェークし、カクテル・グラスに注ぐ。

1912年、ロンドンで大ヒットした舞台『ピンク・レディ』の主演女優に贈られた至高の1杯。白い泡は羽根のストール、輝くピンクはドレスを連想させ、栄光に包まれた舞台女優を象徴する。

| 24度 | 中甘口 | シェーク |
| オール | カクテル・グラス ||

月光がロマンチックな時間を演出

Blue Moon
ブルー・ムーン

材料
- ドライ・ジン　　　　　　　35㎖
- クレーム・ド・バイオレット　20㎖
- レモン・ジュース　　　　　　20㎖

作り方 シェーカーにすべての材料と氷を入れてシェークし、カクテル・グラスに注ぐ。

| 30度 | 中口 | シェーク |
| オール | カクテル・グラス | |

クレーム・ド・バイオレットの美しい紫色とかぐわしい香りが特徴。夜霧に輝く月明かりのイメージで、ロマンチックな大人の時間を華やかに彩る。さっぱりとした飲み口だから、女性だけでなく男性にもファンが多い。

優雅な貴婦人の佇まい

White Lady
ホワイト・レディ

材料
- ドライ・ジン　　　　　　40㎖
- ホワイト・キュラソー　　20㎖
- レモン・ジュース　　　　20㎖

作り方 シェーカーにすべての材料と氷を入れてシェークし、カクテル・グラスに注ぐ。

| 34度 | 中辛口 | シェーク |
| オール | カクテル・グラス | |

「白い貴婦人」の名にふさわしい、ほんのり透き通った乳白色が、高貴な雰囲気を醸し出す。ジンとホワイト・キュラソー、レモン・ジュースが調和し、清涼感を感じさせる。ベースをブランデー、ウオッカ、ラムに替えることも。

ジン・ベース

あなたを100万ドルの夢へ誘う
Million Dollar
ミリオン・ダラー

材料

■ ドライ・ジン	45㎖
■ スイート・ベルモット	15㎖
■ パイナップル・ジュース	15㎖
■ グレナデン・シロップ	1tsp.
■ 卵白	1個分

作り方 シェーカーにすべての材料と氷を入れて十分にシェークし、カクテル・グラスに注ぐ。好みでパイナップルなどのフルーツを飾っても。

大正時代につくられ、銀座のカフェ・ライオンで人気に。当時はオールド・トム・ジンが使われていた。飲み口はやわらかく繊細。

| 20度 | 中甘口 | シェーク |
| オール | | カクテル・グラス |

ニューヨーク生まれの紅茶風味の1杯
Long Island Iced Tea
ロングアイランド・アイスティ

材料

■ ドライ・ジン	15㎖
■ ウオッカ	15㎖
■ ラム（ホワイト）	15㎖
■ テキーラ	15㎖
■ ホワイト・キュラソー	2tsp.
■ レモン・ジュース	30㎖
■ シュガー・シロップ	1tsp.
■ コーラ	40㎖

作り方 氷を入れたコリンズ・グラスにすべての材料を注ぎ、ステアする。

8種の材料をブレンドすることで、紅茶を1滴も使わずに、アイスティの味わいと色が出る。

| 19度 | 中口 | シェーク |
| オール | | コリンズ・グラス |

Vodka Cocktail

ウオッカ・ベース

ロシアの原酒で知られるウオッカは、
穀類と麦芽を原料とする蒸留酒。
クセがなくニュートラルでカクテルベースとして
理想的なレギュラー・タイプのほか、
ハーブやフルーツの香りがついたフレーバード・タイプも
あります。

[CONTENTS]

モスコー・ミュール	p.86
ソルティ・ドッグ	p.87
バラライカ	p.87
アクア	p.88
ウオッカ・アップル・ジュース	p.88
ウオッカ・マティーニ	p.89
ウオッカ・リッキー	p.89
神風	p.90
キス・オブ・ファイアー	p.90
グリーン・シー	p.91
グリーン・スパイダー	p.91
コスモポリタン	p.92
ゴッドマザー	p.92
シー・ブリーズ	p.93
ジプシー	p.93
スクリュードライバー	p.94
セックス・オン・ザ・ビーチ	p.94
チチ	p.95
バーバラ	p.95
パナシェ	p.96
ブラック・ルシアン	p.96
ブラッディ・メアリー	p.97
フラミンゴ・レディ	p.97
ブルーマンデー	p.98
ブルー・ラグーン	p.98
ブル・ショット	p.99
ブルドッグ	p.99
ベイ・ブリーズ	p.100
ホワイト・スパイダー	p.100
ホワイト・ルシアン	p.101
マドラス	p.101
ミッドナイト・サン	p.102
雪国	p.102
ロードランナー	p.103
ロベルタ	p.103

定番 キックのある さわやかな刺激

Moscow Mule
モスコー・ミュール

材料
- ウオッカ　　　　　　　　45㎖
- ライム・ジュース　　　　15㎖
- ジンジャー・ビアー　　　適量

作り方 氷を入れたマグカップにすべての材料を入れて軽くステアする。好みでカット・ライムを飾る。

ビルドタイプカクテルの代表格。ライムのさわやかな香りとジンジャー・ビアーのキリッとした喉ごしが特徴。モスコー・ミュールはウオッカの強さとラバの後ろ足のキック力を掛けて、「モスクワのラバ」を意味をする。

| 11度 | 中口 | ビルド |
| オール | マグカップ |

ウオッカ・ベース

 スノー・スタイルの代表カクテル

Salty Dog
ソルティ・ドッグ

 ロシアの伝統楽器の音色が響いてくる

Balalaika
バラライカ

材料
- ウオッカ　　　　　　　　30〜45㎖
- グレープフルーツ・ジュース　適量
- 塩　　　　　　　　　　　　　適量

作り方 塩でスノー・スタイルにしたオールドファッションド・グラスに氷を入れ、ウオッカ、グレープフルーツ・ジュースを入れてステアする。

ソルティ・ドッグは「甲板員」を表すイギリスのスラング。潮風をあびて作業する彼らをイメージさせるように、グラスのふちに塩をつける。塩がグレープフルーツの酸味をやわらげ、甘みが増す。

11度	中口	ビルド
オール	オールドファッションド・グラス	

材料
- ウオッカ　　　　　　　　　40㎖
- ホワイト・キュラソー　　　20㎖
- レモン・ジュース　　　　　20㎖

作り方 シェーカーにすべての材料を入れてシェーク。カクテル・グラスに注ぐ。

バラライカは、ロシアの伝統的な弦楽器で、逆さにするとカクテル・グラスに似ているといわれる。ホワイト・キュラソーとレモン・ジュースの組み合わせが、さわやかな味わい、清涼な色合いと相まって、バラライカの音色が聞こえてくるような飲み心地に。

30度	中辛口	シェーク
オール	カクテル・グラス	

輝く翡翠色が喉を潤す
Aqua
アクア

材料
- ウオッカ　35mℓ
- グリーン・ミント・リキュール　25mℓ
- ライム・ジュース　15mℓ
- トニック・ウォーター　適量

作り方 シェーカーにトニック・ウォーター以外の材料と氷を入れてシェークする。コリンズ・グラスに注ぎ、冷えたトニック・ウォーターで満たす。

| 9度 | 中口 | シェーク |
| オール | コリンズ・グラス | |

翡翠のような青緑色が美しく、見ているだけで清涼感が味わえる。すっきりした香りと酸味に、炭酸の刺激をプラス。渇いた喉を気持ちよく潤してくれる。

カクテル初心者にはシンプルなこの1杯
Vodka Apple Juice
ウオッカ・アップル・ジュース

材料
- ウオッカ　30〜45mℓ
- アップル・ジュース　適量

作り方 氷を入れたコリンズ・グラスにすべての材料を入れてステアする。

| 13度 | 中甘口 | ビルド |
| オール | コリンズ・グラス | |

別名ビッグ・アップル。ウオッカとアップル・ジュースだけでつくるシンプルなカクテルは、カクテルを楽しみ始めた初心者におすすめ。アップルのまろやかな甘さとウオッカが相性抜群。アップルをオレンジに変えるとスクリュードライバーになる。

ウオッカ・ベース

ボンドも愛した"通"好みの味わい
Vodka Martini
ウオッカ・マティーニ

材料
- ウオッカ　　　　　　　　　　65ml
- ドライ・ベルモット　　　　　15ml

作り方 ミキシング・グラスにすべての材料と氷を入れてステアし、ストレーナーをかぶせてカクテル・グラスに注ぐ。好みでカクテル・ピンに刺したスタッフド・オリーブを沈める。

マティーニ(p.67)のジンをウオッカに変えたもので、ジンよりベルモットの辛口がストレートに伝わる。映画『007』シリーズに登場し、ボンドの「ステアではなくシェークで」というセリフで有名。

| 36度 | 辛口 | ステア |
| 食前 | カクテル・グラス ||

ライムとソーダの爽快感を楽しむ
Vodka Rickey
ウオッカ・リッキー

材料
- ウオッカ　　　　　　　　　　40ml
- カットライム　　　　　　　　1個
- ソーダ　　　　　　　　　　　適量

作り方 タンブラーにライムを搾り、そのままグラスに入れる。氷とウオッカを入れて冷えたソーダで満たす。

搾ったライムをグラスに沈め、マドラーで潰しながら、好みの酸味を探求する自由度の高いカクテル。ライムのさわやかな香りと、炭酸のキリッとした飲み口が爽快感を生み、喉の渇きをあっという間に潤す。

| 13度 | 辛口 | ビルド |
| オール | タンブラー ||

鋭いキレ味の辛口カクテル

Kamikaze
神風

| 27度 | 中辛口 | シェーク |
| オール | オールドファッションド・グラス | |

材料
- ウオッカ　　　　　　　　　　60㎖
- ホワイト・キュラソー　　　　1tsp.
- ライム・ジュース　　　　　　20㎖

作り方 シェーカーにすべての材料と氷を入れてシェークし、氷を入れたオールドファッションド・グラスに注ぐ。

キレのある辛口の風味から、旧日本海軍の神風特攻隊をイメージして、「カミカゼ」という名がついたそう。じつはアメリカで生まれたカクテル。攻撃的な名前とは裏腹に、ライム・ジュースの酸味によってさわやかな口当たり。

アームストロングの名曲に由来する名

Kiss of Fire
キス・オブ・ファイアー

| 26度 | 中辛口 | シェーク |
| 食前 | カクテル・グラス | |

材料
- ウオッカ　　　　　　　　　　25㎖
- スロー・ジン　　　　　　　　25㎖
- ドライ・ベルモット　　　　　25㎖
- レモン・ジュース　　　　　2dash
- 砂糖　　　　　　　　　　　　適量

作り方 シェーカーに砂糖以外の材料と氷を入れてシェークし、砂糖でスノー・スタイルにしたカクテル・グラスに注ぐ。

スロー・ジンの燃え上がるような赤と、砂糖のスノー・スタイルがキスの情景を表現しているよう。名前はルイ・アームストロングのジャズの名曲に由来している。

ウオッカ・ベース

目に浮かぶのはエメラルドに輝く海

Green Sea
グリーン・シー

材料
- ウオッカ　　　　　　　　　　35㎖
- ドライ・ベルモット　　　　　20㎖
- グリーン・ミント・リキュール　20㎖

作り方 ミキシング・グラスにすべての材料と氷を入れてステアし、ストレーナーをかぶせてカクテル・グラスに注ぐ。

南国の海が目に浮かぶような鮮やかなグリーンのカクテル。ドライ・ベルモットの辛みに、ミントのクールさが加わって口当たりも軽やか。飲めばたちまち、美しい海の潮風に吹かれているようなさわやかな気分を演出してくれる。

| 30度 | 中辛口 | ステア |
| オール | カクテル・グラス | |

一口飲めばクセになる爽快カクテル

Green Spider
グリーン・スパイダー

材料
- ウオッカ　　　　　　　　　　55㎖
- グリーン・ミント・リキュール　25㎖

作り方 シェーカーにすべての材料と氷を入れてシェークし、カクテル・グラスに注ぐ。

グリーン・ミント・リキュールの涼しげなフレーバーを合わせた清涼感にあふれたカクテル。やや甘めだが、ウオッカによりさわやかな味わいに。ミントには消化を促進する効果があるといわれ、食後のリフレッシュにおすすめの1杯。

| 35度 | 中甘口 | シェーク |
| 食後 | カクテル・グラス | |

ドラマに登場した大人気カクテル

Cosmopolitan
コスモポリタン

材料

■ ウオッカ	35㎖
■ ホワイト・キュラソー	15㎖
■ クランベリー・ジュース	15㎖
■ ライム・ジュース	15㎖

作り方 シェーカーにすべての材料と氷を入れてシェークし、カクテル・グラスに注ぐ。

アメリカのテレビドラマ『SEX AND THE CITY』で主人公がオーダーしていたカクテル。クランベリーの赤が都会的な雰囲気を醸し出し、フルーティな甘酸っぱさが女性的。

27度	中口	シェーク
オール	カクテル・グラス	

アーモンドのほのかな甘みが心地よい

Godmother
ゴッドマザー

材料

■ ウオッカ	45㎖
■ アマレット	15㎖

作り方 氷を入れたオールドファッションド・グラスにすべての材料を入れてステアする。

ウィスキーベースのゴッドファーザー (p.137) のバリエーションとして登場したカクテル。辛口でプレーンなウオッカをベースにすることで、ゴッドファーザーよりアーモンドのようなフレーバーのアマレットの甘味が引き立ち、よりやさしい味わいになる。

36度	甘口	ビルド
食後	オールドファッションド・グラス	

ウオッカ・ベース

海のそよ風を感じる清々しい味
Sea Breeze
シー・ブリーズ

材料
- ウオッカ　　　　　　　　　　30ml
- クランベリー・ジュース　　　45ml
- グレープフルーツ・ジュース　45ml

作り方 シェーカーにすべての材料と氷を入れてシェークし、タンブラーに注ぐ。

シー・ブリーズは「海のそよ風」という意味。甘酸っぱいクランベリーに、グレープフルーツのほろ苦い酸味がきき、すっきりした飲みやすい仕上がりに。ピンク色の見た目と相まって女性にも喜ばれる。アメリカ西海岸で誕生し、'80年代に日本に入ってきた。

| 10度 | 中口 | シェーク |
| オール | タンブラー | |

エキゾチックな個性派カクテル
Gypsy
ジプシー

材料
- ウオッカ　　　　　　　　　　65ml
- ベネディクティンDOM　　　　15ml
- アンゴスチュラ・ビターズ　　1dash

作り方 シェーカーにすべての材料と氷を入れてシェークし、カクテル・グラスに注ぐ。

ベネディクティンDOMは、16世紀フランス・ノルマンディー地方のベネディクト修道院でつくられた長寿の秘酒が起源といわれる。多種の香草や薬草が配合された独特な風味に、アンゴスチュラ・ビターズの苦みも加わって個性豊かな仕上がりに。

| 40度 | 中辛口 | シェーク |
| オール | カクテル・グラス | |

Part 3　カクテルレシピ

"レディキラー"にご用心
Screwdriver
スクリュードライバー

材料
■ ウオッカ	45mℓ
■ オレンジ・ジュース	適量

作り方 氷を入れたコリンズ・グラスにすべての材料を入れてステアする。

由来は灼熱のイランの油田で働くアメリカ人作業員たちが、マドラー代わりにドライバーを使ってウオッカとオレンジ・ジュースを混ぜて飲んだことから。ジュースのような飲み口だが、アルコールの強さがわかりにくいため、女性を酔わす「レディキラー」ともよばれる。

| 13度 | 中口 | ビルド |
| オール | コリンズ・グラス | |

映画「カクテル」のセクシーな1杯
Sex on the Beach
セックス・オン・ザ・ビーチ

材料
■ ウオッカ	15mℓ
■ メロン・リキュール	20mℓ
■ クレーム・ド・フランボワーズ	10mℓ
■ パイナップル・ジュース	80mℓ

作り方 シェーカーにすべての材料と氷を入れてシェークし、氷を入れたコリンズ・グラスに注ぐ。グラスに直接注いでステアしてもよい。

トム・クルーズ主演の映画『カクテル』(1988)にセリフでのみ登場し、一躍有名になった。フルーツ系リキュールのきいた甘い1杯。

| 9度 | 甘口 | シェーク |
| オール | コリンズ・グラス | |

ウオッカ・ベース

トロピカル感たっぷりのカクテル
Chi-Chi
チチ

材料
- ウオッカ　　　　　　　　　　30mℓ
- パイナップル・ジュース　　　80mℓ
- ココナッツ・ミルク　　　　　45mℓ

作り方 シェーカーにすべての材料と氷を入れてシェークし、クラッシュド・アイスを詰めたシャンパン・グラスか大型のグラスに注ぐ。好みでカット・パイナップル、マラスキーノ・チェリーをカクテル・ピンに刺してグラスの縁に飾る。

アメリカのスラングで「粋な」「スタイリッシュな」という意味のチチ。ハワイ生まれのカクテルらしく、南国ムードたっぷりの味わい。

8度	甘口	シェーク
オール	シャンパン・グラス(ソーサ型)	

食後に味わいたいスイートなカクテル
Barbara
バーバラ

材料
- ウオッカ　　　　　　　　　　40mℓ
- クレームド・カカオ　　　　　20mℓ
- 生クリーム　　　　　　　　　20mℓ

作り方 シェーカーにすべての材料と氷を入れて十分にシェークし、カクテル・グラスに注ぐ。

チョコレート・リキュールのクレーム・ド・カカオを十分にシェークすることで、クリーミーな舌触りととろける甘さに。生クリームが加わり、デザートのように味わえる。ベースをブランデーにするとアレキサンダー(p.144)になる。

26度	甘口	シェーク
食後	カクテル・グラス	

| 30度 | 中甘口 | シェーク |
| オール | カクテル・グラス | |

赤い宝石が彩るクラシックな1杯
panache
パナシェ

材料
- ウオッカ　　　　　　　　　　35ml
- チェリー・ブランデー　　　　15ml
- ドライ・ベルモット　　　　　25ml

作り方 シェーカーにすべての材料を入れてシェークし、カクテル・グラスに注ぐ。好みでカクテル・ピンに刺したマラスキーノ・チェリーを沈める。

ドライ・ベルモットと甘いチェリー・ブランデーが調和し、まろやかで深みのある味わいに。ビールとレモネードでつくる同名のカクテルがあるが、こちらのレシピのほうが古くからある。

| 33度 | 中甘口 | ビルド |
| オール | オールドファッションド・グラス | |

ウオッカを隠すコーヒーフレーバー
Black Russian
ブラック・ルシアン

材料
- ウオッカ　　　　　　　　　　40ml
- コーヒー・リキュール　　　　20ml

作り方 氷を入れたオールドファッションド・グラスにすべての材料を入れてステアする。

1950年代にベルギーのホテル・メトロポールのバーで考案されたというカクテル。思わずウオッカの強さを忘れてしまいそうになる飲みやすい飲み口は、コーヒー・リキュールが織りなす香ばしい香りと濃厚な甘さがつくり出す。

悪女の名がつく真紅のカクテル

Bloody Mary
ブラッディ・メアリー

材料
- ウオッカ　　　　　　　　　45mℓ
- トマト・ジュース　　　　　適量

作り方 氷を入れたタンブラーにウオッカ、トマト・ジュースを入れてステアする。好みでスティック・セロリを飾る。

「血まみれのメアリー」と呼ばれた、悪名高きイングランド女王メアリー1世に由来する名は、トマト・ジュースの真紅の色に掛けたもの。スティック・セロリやレモンが添えられ、ヘルシーなカクテルとして人気。

| 11度 | 中口 | ビルド |
| オール | タンブラー ||

優雅に舞うフラミンゴを彷彿させる

Flamingo Lady
フラミンゴ・レディ

材料
- ウオッカ　　　　　　　　　20mℓ
- ピーチ・リキュール　　　　20mℓ
- パイナップル・ジュース　　20mℓ
- レモン・ジュース　　　　　10mℓ
- グレナデン・シロップ　　　1tsp.
- 砂糖　　　　　　　　　　　適量

作り方 シェーカーに砂糖以外の材料と氷を入れてシェークし、グレナデン・シロップ（分量外）と砂糖でスノー・スタイルにしたカクテル・グラスに注ぐ。

可憐なピンク色に、赤いスノー・スタイルで飾った姿が、フラミンゴを思わせる。ピーチ・リキュールの豊潤な甘い香りが女性好み。

| 16度 | 中甘口 | シェーク |
| オール | カクテル・グラス ||

憂うつな月曜日を吹き飛ばすさわやかさ

Blue Monday
ブルーマンデー

39度	中辛口	シェーク
食前	カクテル・グラス	

材料
- ウオッカ　　　　　　　　　　　55ml
- ホワイト・キュラソー　　　　　25ml
- ブルー・キュラソー　　　　　　1tsp.

作り方 シェーカーにすべての材料と氷を入れてシェークし、カクテル・グラスに注ぐ。

週末の夜、明日からまた仕事……と思ったら、このカクテルで「憂うつな月曜日」を吹き飛ばそう。ブルー・キュラソーの清々しい青色と、ホワイト・キュラソーの柑橘系のさわやかな香りが、ブルーな気分を忘れさせてくれる。

南国の青い海が眼下に広がる

Blue Lagoon
ブルー・ラグーン

24度	中口	シェーク
オール	シャンパン・グラス(ソーサ型)	

材料
- ウオッカ　　　　　　　　　　　30ml
- ブルー・キュラソー　　　　　　20ml
- レモン・ジュース　　　　　　　20ml

作り方 シェーカーにすべての材料と氷を入れてシェークし、クラッシュド・アイスを入れたシャンパン・グラスに注ぐ。好みでマラスキーノ・チェリーやフルーツを飾る。

フルーツのデコレーションが華やかな、海辺のリゾートにぴったり。ブルー・キュラソーの透明感と、レモン・ジュースの酸味がきいた見た目も味もさわやかなカクテル。

ウオッカ・ベース

ブイヨンを使った変わり種カクテル
Bull Shot
ブル・ショット

材料
- ウオッカ　　　　　　　　　　45mℓ
- ビーフ・ブイヨン　　　　　　適量

作り方 シェーカーに、ウオッカとあらかじめ冷やしておいたビーフ・ブイヨン、氷を入れてシェークし、氷を入れたオールドファッションド・グラスに注ぐ。好みでスティック・セロリを飾る。

ビーフ・ブイヨンを使ったこのカクテルは、スープ代わりの食前酒として飲まれる。1953年にアメリカ・デトロイトでレストラン経営をするグルーバー兄弟が考案したといわれる。

| 13度 | 中口 | シェーク |
| 食前 | オールドファッションド・グラス ||

ウオッカ×グレープフルーツを満喫
Bulldog
ブルドッグ

材料
- ウオッカ　　　　　　　　30〜45mℓ
- グレープフルーツ・ジュース　　適量

作り方 氷を入れたオールドファッションド・グラスにウオッカを入れ、グレープフルーツ・ジュースで満たしてステア。

ウオッカとグレープフルーツのシンプルな組み合わせは、双方の味わいがストレートに伝わる1杯。スノー・スタイル（塩）にすると、ソルティ・ドッグ（p.87）に。別名「テールレスドッグ（しっぽのない犬）」「グレイスハウンド（しっぽを足の間に入れて走る犬）」。

| 11度 | 中口 | ビルド |
| オール | オールドファッションド・グラス ||

10度	中甘口	ビルド
オール	コリンズ・グラス	

潮風を感じるような心地よい1杯

Bay Breeze

ベイ・ブリーズ

材料

■ ウオッカ	40㎖
■ パイナップル・ジュース	60㎖
■ クランベリー・ジュース	60㎖

作り方 氷を入れたコリンズ・グラスにすべての材料を入れてステアする。

パイナップル・ジュースの豊潤でフルーティな味わいがウオッカの辛さをマイルドに包む。海に沈む夕陽を思わせるクランベリー・ジュースの赤と相まって、潮風に吹かれながら海辺の夕陽を眺める自分が目に浮かんでくるよう。アメリカで絶大な人気を誇るカクテル。

35度	中甘口	シェーク
オール	カクテル・グラス	

ハッカの爽快感を感じる洗練された味わい

White Spider

ホワイト・スパイダー

材料

■ ウオッカ	55㎖
■ ホワイト・ミント・リキュール	25㎖

作り方 シェーカーにすべての材料と氷を入れてシェークし、カクテル・グラスに注ぐ。

スティンガー(p.144)のブランデーを無味無臭のウオッカに替えたもの。「ウオッカ・スティンガー」とも呼ばれる。ホワイト・ミント・リキュールはハッカの酒でスーッとした清涼感が特徴。ひと口ごとにさわやかな刺激が楽しめる。

ウオッカ・ベース

食後に飲みたいアイスコーヒー風味
White Russian
ホワイト・ルシアン

材料
- ウオッカ　　　　　　　　　　40mℓ
- コーヒー・リキュール　　　　20mℓ
- 生クリーム　　　　　　　　　適量

作り方 氷を入れたオールドファッションド・グラスにウオッカとコーヒー・リキュールを入れてステアし、生クリームをフロートさせる。

ウオッカにコーヒー・リキュールを合わせたカクテル「ブラック・ルシアン」に、生クリームを浮かべてよりマイルドに仕上げた。アイスコーヒーのようで飲みやすい。食後におすすめの1杯。

| 25度 | 甘口 | ビルド |
| 食後 | オールドファッション・グラス ||

柑橘系のさわやかさが喉の渇きを潤す
Madras
マドラス

材料
- ウオッカ　　　　　　　　　　40mℓ
- オレンジ・ジュース　　　　　60mℓ
- クランベリー・ジュース　　　60mℓ

作り方 氷を入れたタンブラーにすべての材料を入れてステアする。

さわやかな柑橘系の味わいと、アルコール度数の低さから、喉が渇いたときに飲みやすいロング・カクテル。オレンジ・ジュースとクランベリー・ジュースの甘みと酸味がほどよいバランス。クランベリーがオレンジに彩りを加え、鮮やかな赤色に。

| 10度 | 中甘口 | ビルド |
| オール | タンブラー ||

美しい色彩で表現した白夜の太陽

Midnight Sun
ミッドナイト・サン

材料

■ フィンランディア・ウオッカ	40mℓ
■ ミドリ	30mℓ
■ オレンジ・ジュース	20mℓ
■ レモン・ジュース	20mℓ
■ グレナデン・シロップ	1tsp.
■ ソーダ	適量

作り方 シェーカーにウオッカ、ミドリ、オレンジ・ジュース、レモン・ジュースと氷を入れてシェークしてグラスに注ぎ、ソーダで満たして軽くステア。グレナデン・シロップをグラスの底に沈める。

白夜に見られる真夜中の太陽をイメージしてつくられた1杯。美しいグラデーションが、地平線を染める太陽の光を表す。

| 13度 | 中甘口 | シェーク |
| オール | コリンズ・グラス | |

グラスに粉雪が降り積もる不滅の名作

Yukiguni
雪国

材料

■ ウオッカ	55mℓ
■ ホワイト・キュラソー	25mℓ
■ ライム・ジュース	2tsp.
■ 砂糖	適量
■ ミントチェリー	1個

作り方 シェーカーに砂糖以外のすべての材料と氷を入れてシェークし、砂糖でスノー・スタイルにしたカクテル・グラスに注ぐ。ミント・チェリーを沈める。

北国の雪景色が目に浮かぶような1杯。1958年に寿屋（現・サントリー）主催のコンクール優勝作品。砂糖で味を調整しながら飲むのがおすすめ。

| 30度 | 中甘口 | シェーク |
| オール | カクテル・グラス | |

ウオッカ・ベース

アマレットが香るクリーミーな口当たり
Roadrunner
ロードランナー

材料
- ウオッカ　　　　　　　　　　40mℓ
- アマレット　　　　　　　　　20mℓ
- ココナッツ・ミルク　　　　　20mℓ

作り方 シェーカーにすべての材料と氷を入れてシェークし、カクテル・グラスに注ぐ。好みでナツメグを振る。

ロードランナーは、アメリカ南西部に生息する、地上を走り回るミチバシリという鳥のこと。野性的な名前とは裏腹に、アマレットとココナッツ・ミルクのやさしいクリーミーな口当たりに仕上がったデザートカクテル。

| 27度 | 甘口 | シェーク |
| 食後 | カクテル・グラス ||

甘さとほろ苦さが絶妙に溶け合う
Roberta
ロベルタ

材料
- ウオッカ　　　　　　　　　　25mℓ
- ドライ・ベルモット　　　　　25mℓ
- チェリー・ブランデー　　　　25mℓ
- カンパリ　　　　　　　　　1dash
- バナナ・リキュール　　　　1dash

作り方 シェーカーにすべての材料と氷を入れてシェークし、カクテル・グラスに注ぐ。

ウオッカとドライ・ベルモットの辛さ、フルーツ系リキュールのまろやかな甘さ、カンパリ独特のほろ苦さが交錯し、飲みごたえのある仕上がりになった。

| 27度 | 中甘口 | シェーク |
| オール | カクテル・グラス ||

Part 3　カクテルレシピ

Rum Cocktail

ラム・ベース

ラムはカリブ海に浮かぶ西インド諸島で生まれたスピリッツ。
原料になるサトウキビの独特の風味が特徴で、
発酵法や蒸留法により、
ライトからヘビーまで風味や色が異なるものがあり、
カクテルのバリエーションが広がります。

[CONTENTS]

- キューバ・リバー …… p.106
- ダイキリ …… p.106
- モヒート …… p.107
- エックス・ワイ・ジィ …… p.108
- エッグノッグ …… p.108
- グリーン・アイズ …… p.109
- コロンブス …… p.109
- シャンハイ …… p.110
- スカイ・ダイビング …… p.110
- スコーピオン …… p.111
- ネバダ …… p.111
- バカルディ・カクテル …… p.112
- ハバナ・ビーチ …… p.112
- ピニャ・カラーダ …… p.113
- ブラック・デビル …… p.113
- ブルー・ハワイ …… p.114
- フローズン・ダイキリ …… p.114
- ボストン・クーラー …… p.115
- マイアミ …… p.115
- マイタイ …… p.116
- ミリオネーア …… p.116
- ラスト・キッス …… p.117
- ラム・コリンズ …… p.117

Part 3　カクテルレシピ

定番 ラム&コーラの爽やかな1杯

Cuba Libre
キューバ・リバー

定番 ラムベースの代表的なカクテル

Daiquiri
ダイキリ

材料	
■ ライト・ラム	45㎖
■ ライム・ジュース	10㎖
■ コーラ	適量

作り方 氷を入れたタンブラーにラムとライム・ジュースを注ぎ、コーラを満たして軽くステアする。好みでカット・レモンを搾って沈めても。

キューバ独立戦争時に生まれたカクテル。名の由来は、当時の合言葉"¡Viva Cuba Libre!"（キューバの自由万歳！）。独立を支援したアメリカ兵の一人が、コーラとキューバ産のラムを混ぜて飲んだのが始まりといわれる。親しみやすい味で、すっきりした喉ごし。

| 13度 | 中口 | ビルド |
| オール | タンブラー | |

材料	
■ ホワイト・ラム	60㎖
■ ライム・ジュース	20㎖
■ 砂糖	1 tsp.

作り方 シェーカーにすべての材料と氷を入れてシェークし、カクテル・グラスに注ぐ。

キューバのダイキリ鉱山の名がついたカクテル。19世紀末にそこで働いていたアメリカ人の鉱山技師が命名した。坑夫らが、渇いた喉を潤すために、ラムにライム・ジュースを入れて飲んだのが始まりといわれる。柑橘系のキリッとした酸味がラムの芳醇な味わいを引き立てる。

| 28度 | 中辛口 | シェーク |
| オール | カクテル・グラス | |

ラム・ベース

定番 カリブの海賊が愛したカクテル

Mojito
モヒート

材料

- ホワイト・ラム　　　　40mℓ
- ライム・ジュース　　　10mℓ
- 砂糖　　　　　　　　　1 tsp.
- ソーダ　　　　　　　　適量
- ミント　　　　　　　　適量

作り方　タンブラーにミントと砂糖を入れ、ミントをバー・スプーンで潰す。クラッシュド・アイスを詰め、ラムとライム・ジュースを入れてソーダで満たす。

潰したミントの葉を、ソーダで割るキューバ発祥のカクテル。16世紀ごろ、カリブ海で大暴れした海賊たちが飲んでいたといわれる。

| 23度 | 中口 | ビルド |
| オール | | タンブラー |

自信に満ちた最高のカクテル
X.Y.Z
エックス・ワイ・ジィ

材料

■ ホワイト・ラム	40㎖
■ ホワイト・キュラソー	20㎖
■ レモン・ジュース	20㎖

作り方 シェーカーにすべての材料と氷を入れてシェークし、カクテル・グラスに注ぐ。

アルファベットの最後の3文字を冠し、「これ以上のカクテルはない」という意味が込められている。ホワイト・ラムにホワイト・キュラソーとレモン・ジュースを加えた、柑橘系の飽きのこない味わい。

30度	中辛口	シェーク
オール	カクテル・グラス	

クリスマス定番のホッとする味
Eggnog
エッグノッグ

材料

■ ラム	30㎖
■ ブランデー	15㎖
■ 牛乳	適量
■ 卵黄	1個分
■ シュガー・シロップ	15㎖

作り方 ホット・グラスに卵黄とシュガー・シロップを入れて混ぜ、ラムとブランデーを加えてステアしながら温めた牛乳で満たす。

ラムと相性のよい、牛乳を使ったカクテル。アメリカではクリスマスや新年に飲まれることが多い。クリーミーでなめらかな飲み口。

9度	中口	ビルド
食後	ホット・グラス	

メロン&ライムの夏らしい風味

Green Eyes
グリーン・アイズ

材料

- ゴールド・ラム　　　　　　　30mℓ
- メロン・リキュール　　　　　25mℓ
- パイナップル・ジュース　　　45mℓ
- ココナッツ・ミルク　　　　　15mℓ
- ライム・ジュース　　　　　　15mℓ

作り方 ブレンダーにすべての材料と1カップのクラッシュド・アイスを入れてブレンドし、シャンパン・グラスに注ぐ。好みでスライス・ライムを飾る。

ラムをベースに、メロン・リキュールの香りと色彩を生かした1杯。トロピカルなテイストとライムの酸味が、気分を爽快にさせる。

| 13度 | 甘口 | ブレンド |
| オール | シャンパン・グラス(ソーサー型) ||

ラム酒の歴史に酔いしれる

Columbus
コロンブス

材料

- ゴールド・ラム　　　　　　　35mℓ
- アプリコット・ブランデー　　20mℓ
- レモン・ジュース　　　　　　20mℓ

作り方 シェーカーにすべての材料と氷を入れてシェークし、カクテル・グラスに注ぐ。

ラムは、西インド諸島発祥のサトウキビを原料とする蒸留酒。コロンブスが西インド諸島にサトウキビを持ちこみ、つくられるようになったといわれる。ラムとブランデーの濃厚な風味を、レモンがさっぱりとまとめている。

| 26度 | 中口 | シェーク |
| オール | カクテル・グラス ||

| 23度 | 中口 | シェーク |
| オール | カクテル・グラス | |

雑多な文化や歴史を物語る個性的な味

Shanghai

シャンハイ

材料

■ ジャマイカ・ラム	40ml
■ アニゼット	10ml
■ レモン・ジュース	30ml
■ グレナデン・シロップ	2dash

作り方 シェーカーにすべての材料と氷を入れてシェークし、カクテル・グラスに注ぐ。

アヘン戦争の結果、開港し「魔都」とも呼ばれた上海。香草や薬草のエキゾチックな香りが漂うアニゼットとジャマイカ・ラムの濃厚な味わいが個性的な風味を醸し出す。魅惑的な色が妖しく輝く。

| 28度 | 中辛口 | シェーク |
| オール | カクテル・グラス | |

大空を飛ぶような清々しさ

Sky Diving

スカイ・ダイビング

材料

■ ホワイト・ラム	35ml
■ ブルー・キュラソー	25ml
■ ライム・ジュース	15ml

作り方 シェーカーにすべての材料と氷を入れてシェークし、カクテル・グラスに注ぐ。

澄みきった美しい青空を、ブルー・キュラソーで表現している。ほんのりした甘さと苦みが、ライムのすっきりした香りにマッチして、まるで大空を飛んでいるかのような気分に。

ラム・ベース

ハワイ生まれの柑橘系カクテル
Scorpion
スコーピオン

材料

■ ホワイト・ラム	45ml
■ ブランデー	30ml
■ オレンジ・ジュース	20ml
■ レモン・ジュース	20ml
■ ライム・ジュース	15ml

作り方 シェーカーにすべての材料と氷を入れてシェークし、クラッシュド・アイスを詰めたゴブレットに注ぐ。好みでマラスキーノ・チェリーを飾る。

「サソリ」を意味する名前は、11月の星座に由来するといわれる。3種の柑橘系が、ラムとブランデーのアルコール感を忘れさせる。

| 23度 | 中甘口 | シェーク |
| オール | | ゴブレット |

柑橘系のさっぱり感が渇いた喉を潤す
Nevada
ネバダ

材料

■ ホワイト・ラム	40ml
■ ライム・ジュース	10ml
■ グレープフルーツ・ジュース	10ml
■ 砂糖	1tsp.
■ アンゴスチュラ・ビターズ	1dash

作り方 シェーカーにすべての材料と氷を入れ、シェークし、カクテル・グラスに注ぐ。

ネバダはアメリカ西部の州。世界最大の歓楽街ラスベガスが有名だが、州の大半を砂漠地帯が占める。ラムの辛口と、ライムとグレープフルーツの酸味が絶妙な相性。

| 25度 | 中辛口 | シェーク |
| オール | | カクテル・グラス |

裁判が有名にしたカクテル

Bacardi Cocktail

バカルディ・カクテル

材料
- バカルディ・ラム・ホワイト　60ml
- レモン・ジュース　20ml
- グレナデン・シロップ　1tsp.

作り方 シェーカーにすべての材料と氷を入れてシェークし、カクテル・グラスに注ぐ。

バカルディ社が販売促進のために考案したカクテル。1936年にニューヨーク最高裁で「このカクテルにはバカルディ・ラムを使用しなければならない」という判決がくだった。

| 28度 | 中口 | シェーク |
| オール | カクテル・グラス | |

ビーチリゾート気分を味わえる

Habana Beach

ハバナ・ビーチ

材料
- ホワイト・ラム　40ml
- パイナップル・ジュース　40ml
- ガムシロップ　1dash

作り方 シェーカーにすべての材料と氷を入れてシェークし、カクテル・グラスに注ぐ。

キューバの首都であるハバナはカリブ海最大の都市。太陽が輝くビーチリゾートの陽気な雰囲気が、このカクテルにも表現されている。ラムとパイナップル・ジュースがトロピカルさを演出し、ほどよい甘さで飲みやすい。

| 19度 | 中口 | シェーク |
| オール | カクテル・グラス | |

ラム・ベース

フルーツ満載の陽気なカクテル
Pina Calada
ピニャ・カラーダ

材料

■ ホワイト・ラム	30㎖
■ パイナップル・ジュース	80㎖
■ ココナッツ・ミルク	30㎖

作り方 シェーカーにすべての材料と氷を入れてシェークし、クラッシュド・アイスを詰めたオールドファッションド・グラスに注ぐ。好みでフルーツを飾る。

スペイン語で「パイナップルが茂る峠」という名を意味するトロピカル・カクテル。お酒が弱い人にも飲みやすいまろやかな風味がある。ホワイト・ラムをウオッカに変えれば、チチ(p.95)になる。

9度	甘口	シェーク
オール	オールドファッションド・グラス	

ロマンチックな夜に上質な辛口で
Black Devil
ブラック・デビル

材料

■ ホワイト・ラム	50㎖
■ ドライ・ベルモット	30㎖
■ ブラック・オリーブ	1個

作り方 ミキシング・グラスにホワイト・ラム、ドライ・ベルモットと氷を入れてステアし、カクテル・グラスに注ぐ。カクテル・ピンに刺したブラック・オリーブを沈める。

ホワイト・ラムにドライ・ベルモットの辛さをプラスしたアルコール度数が高めの1杯。「黒い悪魔」を連想させるブラック・オリーブを沈めて、クールな装いに。

33度	辛口	ステア
食前	カクテル・グラス	

ハワイの美しい海と空を再現

Blue Hawaii
ブルー・ハワイ

| 17度 | 甘口 | シェーク |
| オール | オールドファッションド・グラス | |

材料
- ホワイト・ラム　　　　　　30ml
- ブルー・キュラソー　　　　15ml
- パイナップル・ジュース　　30ml
- レモン・ジュース　　　　　15ml

作り方 シェーカーにすべての材料と氷を入れてシェークし、クラッシュド・アイスを詰めたオールドファッションド・グラスに注ぐ。好みでフルーツを飾る。

ブルー・キュラソーでハワイの青い海と空を表現。パイナップル・ジュースやレモン・ジュースのさわやかな風味は、南国のビーチを想像させる。

清涼感あふれるシャーベットカクテル

Frozen Diquiri
フローズン・ダイキリ

| 26度 | 中口 | ブレンド |
| オール | シャンパン・グラス(ソーサ型) | |

材料
- ホワイト・ラム　　　　　　40ml
- マラスキーノ　　　　　　　1 tsp.
- ライム・ジュース　　　　　10ml
- ガムシロップ　　　　　　　1 tsp.

作り方 ブレンダーにすべての材料と1カップのクラッシュド・アイスを入れてブレンドし、シャーベット状になったらシャンパン・グラスに注ぐ。好みでミントの葉を飾る。

ハバナで暮らしていたヘミングウェイは、レシピからシロップを抜き、ラムをダブルにして愛飲した。ライムの清涼感が広がる1杯。

ラム・ベース

ジンジャーの風味が効いたほどよい辛さ
Boston Cooler
ボストン・クーラー

材料

- ホワイト・ラム　　　　　　45ml
- レモン・ジュース　　　　　20ml
- 砂糖　　　　　　　　　　1tsp.
- ジンジャー・エール　　　　適量

作り方 シェーカーにホワイト・ラム、レモン・ジュース、砂糖と氷を入れてシェークし、氷を入れたコリンズ・グラスに注ぐ。冷やしたジンジャー・エールで満たし、軽くステアする。

ライトなホワイト・ラムにレモン・ジュースで酸味を加え、ラムと相性のよいジンジャー・エールを合わせて飲みやすく仕上げる。

13度	中口	シェーク
オール	コリンズ・グラス	

カリブ海のリゾート地らしい味
Miami
マイアミ

材料

- ライト・ラム　　　　　　　55ml
- ペパーミント・ホワイト　　25ml
- レモン・ジュース　　　　1/2tsp.

作り方 シェーカーにすべての材料と氷を入れてシェークし、カクテル・グラスに注ぐ。

フロリダの観光都市、マイアミは世界有数のビーチリゾート。その名前を冠したこのカクテルは、美しい砂浜や波しぶきを思わせる乳白色で、レモンの香りが漂うさわやかな1杯。やさしい口当たりでさっぱりとしていて飲みやすい。

37度	中口	シェーク
オール	カクテル・グラス	

フルーツを贅沢に飾った極上のカクテル

Mai-Tai
マイタイ

材料
- ホワイト・ラム　　　　　45㎖
- ホワイト・キュラソー　　1tsp.
- パイナップル・ジュース　2tsp.
- オレンジ・ジュース　　　2tsp.
- レモン・ジュース　　　　1tsp.
- ダーク・ラム　　　　　　2tsp.

作り方 シェーカーにダーク・ラム以外の材料を入れてシェーク。クラッシュド・アイスを詰めたグラスに注ぎ、ダーク・ラムをフロート。フルーツを飾っても。

マイタイとはポリネシア語で「最高」という意味。トロピカル・カクテルの女王といわれる豪華なデコレーションが特徴。

| 18度 | 中甘口 | ビルド |
| オール | オールドファッションド・グラス |

厳かな重厚感でリッチな雰囲気に

Millionaire
ミリオネーア

材料
- ホワイト・ラム　　　　　20㎖
- スロー・ジン　　　　　　20㎖
- アプリコット・ブランデー　20㎖
- ライム・ジュース　　　　20㎖
- グレナデン・シロップ　　1dash

作り方 シェーカーにすべての材料と氷を入れてシェークし、カクテル・グラスに注ぐ。

「億万長者」という名のカクテル。ベリー系のスロー・ジンと、アプリコット・ブランデーがほどよく調和し、リッチな甘い香りのハーモニーが味わえる。

| 22度 | 中甘口 | シェーク |
| 食後 | カクテル・グラス |

ラム・ベース

最後のキスは気高く辛口で
Last Kiss
ラスト・キッス

材料

■ ホワイト・ラム	50mℓ
■ ブランデー	15mℓ
■ レモン・ジュース	10mℓ

作り方 シェーカーにすべての材料と氷を入れてシェークし、カクテル・グラスに注ぐ。

風味の強いラムの味をブランデーのコクとレモン・ジュースの酸味がひきたてる。「最後のキス」というネーミングだけあって、ほろ苦い辛口。アルコール度数も高く、過ぎ去る恋の余韻を飲み干すには最適の1杯。

| 37度 | 中辛口 | シェーク |
| 食前 | カクテル・グラス | |

心を軽くするポップな炭酸
Rum Collins
ラム・コリンズ

材料

■ ホワイト・ラム	60mℓ
■ レモン・ジュース	20mℓ
■ シュガー・シロップ	2tsp.
■ ソーダ	適量

作り方 氷を入れたコリンズ・グラスにホワイト・ラム、レモン・ジュース、シュガー・シロップを入れてステア。ソーダで満たし、軽くステアする。好みでカット・ライムを沈める。

「コリンズ」は19世紀半ばのロンドンの伝説的なウエイター。ラムはレモンやソーダと相性がよく、さっぱりと飲みやすい。

| 13度 | 中辛口 | ビルド |
| オール | コリンズ・グラス | |

Column 厳選"通"カクテル 1

"通"ならば知っておきたい厳選カクテルを紹介します。

刺激的な味で倒れそう!?
Knockout
ノックアウト

| 35度 | 辛口 | シェーク |
| オール | カクテル・グラス | |

材料
- ドライ・ジン　　　　　　　　25㎖
- ドライ・ベルモット　　　　　25㎖
- ペルノ　　　　　　　　　　　25㎖
- ペパーミント・ホワイト　　　1tsp.

作り方 シェーカーにすべての材料と氷を入れてシェークし、グラスに注ぐ。

アブサンを改良してつくられたペルノとミントの取り合わせが刺激的。1927年、ボクシング世界ヘビー級選手権でジャック・デンプシーを倒したジーン・タニーを称えるためにつくられた。ノックアウトされないように気をつけて。

愛の噂はこのカクテルで全世界へ
La Rumeur
ラ・ルメール

| 31度 | 中甘口 | シェーク |
| オール | カクテル・グラス | |

材料
- テキーラ　　　　　　　　　　　30㎖
- レモン・リキュール　　　　　　20㎖
- パッションフルーツ・リキュール　15㎖
- バイオレット・リキュール　　　15㎖
- オリーブ　　　　　　　　　　　1個

作り方 オリーブ以外の材料をシェークし、カクテル・グラスに注ぐ。オリーブをカクテル・ピンに刺して沈める。

フランス語で「噂」を意味するラ・ルメール。カクテルの色をつくり出すバイオレット・リキュールは、「パルフェ・タムール(完全なる愛)」ともいう。

3種の飲み方が味わえる
Whisky Float
ウイスキー・フロート

材料

- ライ・ウイスキー　　　　　　　45mℓ
- ミネラル・ウォーター　　　　　適量

作り方 氷を入れたグラスにミネラル・ウォーターを7分目まで注ぐ。バー・スプーンの背を使い、上から静かにウイスキーをフロートする。

ミネラル・ウォーターとウイスキーの層が美しいカクテル。ウイスキーの比重が水よりも軽いため、2層をつくることができる。1杯でストレート、水割り、チェイサーといった飲み方が楽しめる。

| 14度 | 辛口 | ビルド |
| オール | オールドファッションド・グラス | |

温めてもおいしい
Brandy Egg Nog
ブランデー・エッグ・ノッグ

材料

- ブランデー　　　　　　　　　　30mℓ
- ダーク・ラム　　　　　　　　　15mℓ
- 卵　　　　　　　　　　　　　　1個
- 砂糖　　　　　　　　　　　　　2tsp.
- 牛乳　　　　　　　　　　　　　適量

作り方 シェーカーに牛乳以外の材料と氷を入れてシェークし、氷を入れたタンブラーに注ぐ。牛乳を注ぎ、軽くステア。

クリスマス・ドリンクとして飲まれていたシーズン・カクテル。卵と牛乳のまろやかな甘みが親しみやすい。アルコール度数は低め。

| 12度 | 中口 | シェーク |
| オール | タンブラー | |

Tequila Cocktail

テキーラ・ベース

テキーラは、メキシコの特定地域で生産される
アガベ（竜舌蘭）を原料としたシャープな風味の蒸留酒です。
柑橘系やミントなどのさわやかな材料と相性がよく、
南国らしい味わいのレシピが揃います。

[CONTENTS]

テキーラ・サンライズ …… p.122

モッキンバード …… p.122

マルガリータ …… p.123

アイス・ブレーカー …… p.124

アンバサダー …… p.124

エル・ディアブロ …… p.125

グラン・マルニエ・マルガリータ …… p.125

コンチータ …… p.126

シクラメン …… p.126

ソルティ・ブル …… p.127

テキーラ・サンセット …… p.127

フローズン・マルガリータ …… p.128

マタドール …… p.128

メキシカン …… p.129

ライジング・サン …… p.129

Tequila Sunrise
テキーラ・サンライズ

定番 — ミック・ジャガーが恋した1杯

材料
- テキーラ　　　　　　　　45㎖
- オレンジ・ジュース　　　90㎖
- グレナデン・シロップ　　2tsp.

作り方 氷を入れたコリンズ・グラスに、テキーラ、オレンジ・ジュースを入れて軽くステアする。グレナデン・シロップを静かに沈め、マドラーを添える。

グレナデン・シロップを太陽に、オレンジ・ジュースを朝焼けの空に見立てたカクテル。メキシコを訪れたミック・ジャガーが気に入り、各地でこのカクテルを注文したことから世界中に知れ渡った。

| 13度 | 中甘口 | ビルド |
| オール | コリンズ・グラス | |

Mockingbird
モッキンバード

定番 — 「ものまね鳥」でもオンリーワンの味わい

材料
- テキーラ　　　　　　　　40㎖
- ペパーミント・グリーン　20㎖
- ライム・ジュース　　　　20㎖

作り方 シェーカーにすべての材料と氷を入れてシェークし、冷えたカクテル・グラスに注ぐ。

鮮やかなグリーンが特徴的で、さわやかなミントの香りが心地よい。モッキンバードは、他の鳥の鳴き声をまねする鳥で、アメリカ南部からメキシコにかけて生息しているため、メキシコ産であるテキーラに結びつけて、その名がついた。

| 25度 | 中口 | シェーク |
| オール | カクテル・グラス | |

テキーラ・ベース

恋人に捧げた
涙味のカクテル

Margarita
マルガリータ

材料
- テキーラ　　　　　　　40ml
- ホワイト・キュラソー　20ml
- ライム・ジュース　　　20ml
- 塩　　　　　　　　　　適量

作り方 ライム・ジュースまでの材料と氷をシェークし、塩でスノー・スタイルにしたカクテル・グラスに注ぐ。

名の由来は、作者のジャン・デュレッサー氏の若くして亡くなった恋人の名前が有力とされている。1949年にアメリカで開催されたナショナル・カクテル・コンテストに入選した。

| 30度 | 中辛口 | シェーク |
| オール | カクテル・グラス | |

なごやかな場を演出するさわやかさ

Ice-Breaker

アイス・ブレーカー

材料
- テキーラ　　　　　　　　　　30ml
- ホワイト・キュラソー　　　　20ml
- グレープフルーツ・ジュース　30ml
- グレナデン・シロップ　　　　1tsp.

作り方 シェーカーにすべての材料と氷を入れてシェークし、氷を入れたオールドファッションド・グラスに注ぐ。

「砕氷船」「砕氷機」という意味をもつアイス・ブレーカー。ホワイト・キュラソーとグレープフルーツ・ジュースがもたらすさわやかな味わいが、緊張した心をほぐし、堅苦しい雰囲気を一掃してくれる。

| 20度 | 中口 | シェーク |
| オール | オールドファッションド・グラス | |

オレンジ・ジュースのカクテル大使

Ambassador

アンバサダー

材料
- テキーラ　　　　　　　45ml
- オレンジ・ジュース　　適量
- シュガー・シロップ　　1tsp.

作り方 氷を入れたコリンズ・グラスにテキーラとシュガー・シロップを入れる。オレンジ・ジュースで満たし、ステアする。好みでスライス・オレンジとマラスキーノ・チェリーを飾る。

レシピはテキーラ・サンライズ（p.122）のグレナデン・シロップをシュガー・シロップに替えたもので、よりオレンジの味が際立っているさわやかな飲み心地。

| 11度 | 中口 | ビルド |
| オール | コリンズ・グラス | |

テキーラ・ベース

赤い魅惑の杯は悪魔のささやき

El Diablo
エル・ディアブロ

材料

■ テキーラ	30㎖
■ クレーム・ド・カシス	15㎖
■ ジンジャー・エール	適量
■ ライム	1/2個

作り方 氷を入れたタンブラーにテキーラとクレーム・ド・カシスを注ぎ、カットしたライムを搾って入れる。ジンジャー・エールで満たし、軽くステアする。

血の色を思わせる色合いから、スペイン語で「エル・ディアブロ（悪魔）」と名づけられた。カシスの酸味をジンジャー・エールがきりっと引き締めてくれる。

| 11度 | 中口 | ビルド |
| オール | タンブラー | |

名品の香り漂うプレミアム・カクテル

Grand Marnier Margarita
グラン・マルニエ・マルガリータ

材料

■ テキーラ	35㎖
■ グラン・マルニエ	20㎖
■ レモン・ジュース	20㎖
■ 塩	適量

作り方 シェーカーに塩以外の材料と氷を入れシェークする。塩でスノー・スタイルにしたカクテル・グラスに注ぐ。

マルガリータ（p.123）のホワイト・キュラソーを、オレンジ・リキュールの最高峰グラン・マルニエに替えてつくられたカクテル。グラン・マルニエは、豊かな香りが特徴的な名品といわれる。

| 30度 | 中口 | シェーク |
| オール | カクテル・グラス | |

| 20度 | 中口 | シェーク |
| オール | カクテル・グラス ||

女性のようなまろやかさと愛らしさ

Conchita
コンチータ

材料
- テキーラ　　　　　　　　　　　35ml
- グレープフルーツ・ジュース　　25ml
- レモン・ジュース　　　　　　　15ml

作り方 シェーカーにすべての材料と氷を入れてシェークし、カクテル・グラスに注ぐ。

コンチータ（Conchita）は、スペイン語圏での女性の名前。「-ita」は女性名詞の語尾につき、「小さいもの」「かわいいもの」という意味をもつ。フルーティな香りとまろやかな色合いは、その名の通り女性的な1杯といえる。

| 22度 | 中甘口 | シェーク |
| オール | カクテル・グラス ||

美しい花を連想させる1杯

Cyclamen
シクラメン

材料
- テキーラ　　　　　　　　35ml
- オレンジ・キュラソー　　15ml
- オレンジ・ジュース　　　15ml
- レモン・ジュース　　　　15ml
- グレナデン・シロップ　　1tsp.

作り方 グレナデン・シロップ以外のすべての材料をシェーク。カクテル・グラスに注ぎ、グレナデン・シロップを落とす。好みでレモン・ピールを搾る。

オレンジから赤へ流れるグラデーションがシクラメンの花をイメージさせる。柑橘系の香りとグレナデンの甘みで味わいも華やか。

テキーラ・ベース

テキーラの風味をシンプルに味わう

Salty Bull
ソルティ・ブル

材料
- テキーラ　　　　　　　　　　45ml
- グレープフルーツ・ジュース　　適量
- 塩　　　　　　　　　　　　　適量

作り方 塩でスノー・スタイルにしたオールドファッション・グラスに氷を入れ、テキーラを注ぐ。グレープフルーツ・ジュースで満たし、ステアする。

ソルティ・ドッグ(p.87)のウオッカをテキーラにし、ブル(雄牛)へと変化した。テキーラとグレープフルーツ・ジュースというシンプルな組み合わせは、テキーラをじっくり味わいたい人向け。

| 10度 | 中口 | ビルド |
| オール | オールドファッションド・グラス ||

一日の終わりを潤す夕陽のような1杯

Tequila Sunset
テキーラ・サンセット

材料
- テキーラ　　　　　　　　　　30ml
- レモン・ジュース　　　　　　30ml
- グレナデン・シロップ　　　　1tsp.

作り方 すべての材料と3/4カップほどのクラッシュド・アイスをブレンドし、ソーサ型のシャンパン・グラスに注ぐ。好みでスライス・レモンとミントの葉、スプーン(またはストロー)を添えても。

朝焼けに見立てたテキーラ・サンライズ(p.122)に対し、夕暮れの太陽をイメージしてつくられたこのカクテルは、ピンクの色合いが、夕陽の映った海を思わせる。

| 5度 | 中口 | ブレンド |
| オール | シャンパン・グラス(ソーサ型) ||

Part 3　カクテルレシピ

心も体もクールダウンさせてくれる

Frozen Margarita

フローズン・マルガリータ

材料

- テキーラ　　　　　　　30㎖
- ホワイト・キュラソー　15㎖
- ライム・ジュース　　　15㎖
- 砂糖　　　　　　　　　1tsp.
- 塩　　　　　　　　　　適量

作り方　塩以外の材料と1カップのクラッシュド・アイスをブレンダーでブレンドし、塩でスノー・スタイルにしたシャンパン・グラス(ソーサ型)に注ぐ。

フローズン・タイプのマルガリータ(p.123)。シャーベット状のライムの冷たい味わいが、恋に燃える心と身体を落ち着かせてくれる。

| 10度 | 中口 | ブレンド |
| オール | シャンパン・グラス(ソーサ型) | |

闘牛士の情熱が秘められたカクテル

Matador

マタドール

材料

- テキーラ　　　　　　　30㎖
- パイナップル・ジュース　45㎖
- ライム・ジュース　　　15㎖

作り方　シェーカーにすべての材料と氷を入れてシェークする。氷を入れたオールドファッションド・グラスに注ぐ。

マタドールは、闘牛士の中でも牛にとどめを刺す主役クラスの正闘牛士。重厚なテキーラをパイナップル・ジュースとライム・ジュースがさわやかに仕上げる味わいは、内に秘めた情熱をクールな顔で魅せる闘牛士を思わせる。

| 12度 | 中甘口 | シェーク |
| オール | オールドファッションド・グラス | |

テキーラ・ベース

テキーラが際立つ歴史のあるカクテル

Mexican
メキシカン

材料
- テキーラ　　　　　　　　　　40ml
- パイナップル・ジュース　　　40ml
- グレナデン・シロップ　　　　1dash

作り方 ▶ シェーカーにすべての材料と氷を入れてシェークし、カクテル・グラスに注ぐ。

サヴォイ・ホテルの名物バーテンダーであるハリー・クラドックが生み出したカクテル。彼は『サヴォイ・カクテルブック』というカクテルの古典ともいえる本の著者である。テキーラの風味が際立つ味わいが、メキシコを感じさせる。

| 17度 | 中甘口 | シェーク |
| オール | カクテル・グラス ||

1日の始まりを告げる朝日を思わせる

Rising Sun
ライジング・サン

材料
- テキーラ　　　　　　　　　　　35ml
- シャルトリューズ(イエロー)　25ml
- ライム・ジュース　　　　　　15ml
- マラスキーノ・チェリー　　　　1個
- スロー・ジン　　　　　　　　1tsp.
- 塩　　　　　　　　　　　　　適量

作り方 ▶ ライム・ジュースまでの材料をシェークし、塩でスノー・スタイルにしたグラスに注ぐ。マラスキーノ・チェリーを沈め、静かにスロー・ジンを落とす。

チェリーが1日の始まりを告げる朝日のよう。調理師法施行10周年記念のコンペティションで厚生大臣賞を受賞した。

| 31度 | 中辛口 | シェーク |
| オール | カクテル・グラス ||

Whisky Cocktail

ウイスキー・ベース

世界5大ウイスキーに代表される、
アイリッシュ、スコッチ、カナディアン、アメリカン、ジャパニーズ。
味や風味はそれぞれ個性的で、
使うウイスキーによってカクテルの味わいが変わります。
レシピでは指定されていますが、好みで選んでかまいません。

[CONTENTS]

ラスティ・ネイル ……………………………………………… p.132

オールド・ファッションド …………………………………… p.132

マンハッタン …………………………………………………… p.133

アイリッシュ・コーヒー ……………………………………… p.134

ウイスキー・サワー …………………………………………… p.134

ウイスキー・ソーダ（ハイボール） ………………………… p.135

ウイスキー・ミスト …………………………………………… p.135

ウィスパー ……………………………………………………… p.136

カリフォルニア・レモネード ………………………………… p.136

ケンタッキー …………………………………………………… p.137

ゴッドファーザー ……………………………………………… p.137

ジョン・コリンズ ……………………………………………… p.138

ニューヨーク …………………………………………………… p.138

ハイランド・クーラー ………………………………………… p.139

ハンター ………………………………………………………… p.139

ベネディクト …………………………………………………… p.140

ホット・ウイスキー・トディ ………………………………… p.140

マイアミ・ビーチ ……………………………………………… p.141

ミント・ジュレップ …………………………………………… p.141

定番	古き良きスコットランドの カクテル

Rusty Nail
ラスティ・ネイル

定番	ダービー観戦に 最適なカクテル

Old Fashioned
オールド・ファッションド

材料
ライ・ウイスキー	30㎖
ドランブイ	30㎖

作り方 氷を入れたオールドファッションド・グラスにウイスキーとドランブイを注ぎ、軽くステアする。

ラスティ・ネイルとは「錆びた釘」という意味。釘が錆びるほど古くから愛されている。スコッチ・ウイスキーに多種のハーブを加えたドランブイは、リキュールのなかでも深い歴史をもち、かつては王家の秘酒といわれたもの。ウイスキーの芳醇な香りとドランブイの甘みが味わい深い。

37度	甘口	ビルド
食後	オールドファッションド・グラス	

材料
バーボン・ウイスキー	45㎖
アンゴスチュラ・ビターズ	2dash
角砂糖	1個

作り方 オールドファッションド・グラスに角砂糖を入れ、アンゴスチュラ・ビターズを染み込ませる。氷を入れ、ウィスキーを注ぐ。好みでスライス・オレンジ、マラスキーノ・チェリーなどを飾る。

アメリカ最高峰のレース、ケンタッキー・ダービーの開催地であるルイヴィルのバーテンダーが考案。グラスに沈めた角砂糖には、アンゴスチュラ・ビターズが浸みており、崩すことで味を調節できる。

32度	中辛口	ビルド
オール	オールドファッションド・グラス	

ウイスキー・ベース

 世界中のファンに愛される
気高き女王

Manhattan
マンハッタン

材料

ライ・ウイスキー	60mℓ
スイート・ベルモット	20mℓ
アンゴスチュラ・ビターズ	1dash

作り方　氷を入れたミキシング・グラスですべての材料をステアし、カクテル・グラスに注ぐ。好みでカクテル・ピンに刺したマラスキーノ・チェリーを飾る。

「カクテルの女王」とも呼ばれ、19世紀以来、世界中で愛されてきたカクテル。由来は諸説あり、そのひとつが、チャーチル元英国首相の母が、マンハッタンクラブで開催された、第19代アメリカ大統領選挙の応援パーティで提案し、つくられたというもの。

32度	中辛口	ステア
食前	カクテル・グラス	

Part 3　カクテルレシピ

ウイスキーとコーヒーの香りの共演

Irish Coffee

アイリッシュ・コーヒー

材料

■ アイリッシュ・ウイスキー	30ml
■ 砂糖	1tsp.
■ ホットコーヒー	適量
■ 生クリーム	適量

作り方 ホット・グラスに砂糖を入れ、ホットコーヒーを7分目まで注ぎ、ウイスキーを加えて軽くステア。生クリームをフロートする。(ホイップでもよい)

1940年代後半、アイルランドの空港内のバーテンダーが考案。乗客の体を温めるために提供していたとされている。ウイスキーとコーヒーの香りが心まで温める。

| 5度 | 中甘口 | ビルド |
| 食後 | ホット・グラス | |

酸味と甘味のバランスが秀逸

Whiskey Sour

ウイスキー・サワー

材料

■ ライ・ウイスキー	45ml
■ レモン・ジュース	20ml
■ 砂糖	1tsp.

作り方 シェーカーにすべての材料と氷を入れてシェークし、サワー・グラスに注ぐ。

チューハイと同義で使われることが多いサワー。正しくは蒸留酒に柑橘系ジュースと砂糖を混ぜ合わせたスタイルのことをさす。なかでもウイスキー・サワーはサワー系カクテルの代表的存在。

| 24度 | 中辛口 | シェーク |
| オール | サワー・グラス | |

ウイスキー・ベース

ウイスキーとソーダの手軽な1杯

Whiskey Soda
ウイスキー・ソーダ
（ハイボール）

材料
- ライ・ウイスキー　　　　　　45mℓ
- ソーダ　　　　　　　　　　　適量

作り方 氷を入れたタンブラーにウイスキーを注ぐ。冷やしたソーダで満たし、軽くステアする。

ハイボールの由来は諸説あり、ゴルフ場で打ち上げられたボールが、ウイスキー・ソーダを飲んでいた人の元に飛んできたから、という説が有名。日本ではこれをハイボールと呼ぶことが多いが、ソフトドリンクで割るものすべてをさす。

| 13度 | 辛口 | ビルド |
| オール | タンブラー | |

グラス表面のしずくが涼しさを誘う

Whisky Mist
ウイスキー・ミスト

材料
- ライ・ウイスキー　　　　　　60mℓ
- レモン・ピール　　　　　　　1枚

作り方 シェーカーにウイスキーと氷を入れてシェークし、氷ごとオールドファッションド・グラスに注ぐ。レモン・ピールを搾りかける（クラッシュド・アイスを詰めたグラスにウイスキーを注ぐレシピもある）。

クラックド・アイスごとグラスにウイスキーと一緒に注ぐと、表面に細かな水滴が広がる。これが霧に見えることから、この名がついた。

| 40度 | 辛口 | シェーク |
| オール | オールドファッションド・グラス | |

濃厚で複雑なささやき

Whisper
ウィスパー

材料

- スコッチ・ウイスキー　　25mℓ
- ドライ・ベルモット　　25mℓ
- スイート・ベルモット　　25mℓ

作り方 ▶ シェーカーにすべての材料と氷を入れてシェークし、冷えたカクテル・グラスに注ぐ。

ウィスパーは「ささやき」という意味だが、「うわさ」「密告」の意味ももつ。その味わいは、辛口のスコッチ・ウイスキーとドライ・ベルモットに、甘口のスイート・ベルモットという重く複雑な組み合わせ。

| 24度 | 中口 | シェーク |
| オール | カクテル・グラス | |

太陽の下で飲みたい鮮やかなカクテル

California Lemonade
カリフォルニア・レモネード

材料

- バーボン・ウイスキー　　45mℓ
- レモン・ジュース　　20mℓ
- ライム・ジュース　　10mℓ
- グレナデン・シロップ　　1tsp.
- 砂糖　　1tsp.
- ソーダ　　適量

作り方 ▶ ソーダ以外の材料をシェークして、コリンズ・グラスに注ぐ。氷を入れ、ソーダで満たして軽くステアする。

カリフォルニアの太陽を思わせる、アメリカ生まれのカクテル。使うウイスキーは、バーボンの他ライ、カナディアンなどもおすすめ。

| 10度 | 中口 | シェーク |
| オール | コリンズ・グラス | |

ウイスキー・ベース

バーボン独特の風味を味わう

Kentucky
ケンタッキー

材料

■ バーボン・ウイスキー	50ml
■ パイナップル・ジュース	30ml

作り方 シェーカーにすべての材料と氷を入れてシェークし、冷えたカクテル・グラスに注ぐ。

バーボン・ウイスキー発祥の地、バーボン郡があるケンタッキー州にちなんだカクテル。パイナップル・ジュースの甘みと酸味で飲みやすく仕上げ、バーボン・ウイスキーのコクと香りを引き立たせた1杯。口当たりがやわらかく飲みやすい。

25度	中甘口	シェーク
オール	カクテル・グラス	

映画と同様イタリアを描いたカクテル

God-father
ゴッドファーザー

材料

■ ライ・ウイスキー	45ml
■ アマレット	15ml

作り方 氷を入れたオールドファッションド・グラスに、すべての材料を入れてステアする。

フランシス・フォード・コッポラ監督の『ゴッドファーザー』が公開された1972年につくられた。アメリカで暮らすイタリア人のマフィア世界を描いた映画で、このカクテルにはイタリア産のリキュール、アマレットが使われている。

34度	中甘口	ビルド
食後	オールドファッションド・グラス	

伝説のバーテンダーの名前を冠した1杯

John Collins
ジョン・コリンズ

材料

- ライ・ウイスキー 35㎖
- レモン・ジュース 20㎖
- 砂糖 2tsp.
- ソーダ 適量

作り方 氷を入れたコリンズ・グラスにソーダ以外の材料を注ぎステア。ソーダで満たしてステアし、好みでスライス・レモンとマラスキーノ・チェリーを飾る。

伝説のバーテンダー、ジョン・コリンズがつくったカクテル。当初はジンが使われていたが、現在はジン・ベースをトム・コリンズ、ウイスキー・ベースをジョン・コリンズと呼ぶ。

| 14度 | 中口 | シェーク |
| オール | コリンズ・グラス | |

アメリカ生まれのウイスキーで表現

New York
ニューヨーク

材料

- ライ・ウイスキーまたは
  バーボン・ウイスキー 60㎖
- ライム・ジュース 20㎖
- グレナデン・シロップ 1/2tsp.
- 砂糖 1tsp.

作り方 シェーカーにすべての材料と氷を入れてシェークし、カクテル・グラスに注ぐ。好みでオレンジ・ピールを搾りかける。

ニューヨークの愛称「ビッグ・アップル」にちなんだ赤色。ベースはアメリカ発祥のライ・ウイスキーかバーボン・ウイスキーで。

| 28度 | 中口 | シェーク |
| オール | カクテル・グラス | |

ウイスキー・ベース

ハイランド地方の山々に思いをはせて

Highland Cooler

ハイランド・クーラー

材料

- スコッチ・ウイスキー　　　　45ml
- レモン・ジュース　　　　　　15ml
- 砂糖　　　　　　　　　　　1tsp.
- アンゴスチュラ・ビターズ　　2dash
- ジンジャー・エール　　　　　適量

作り方 ジンジャー・エール以外の材料をシェークしコリンズ・グラスに注ぐ。氷を加え、ジンジャー・エールで満たし軽くステアする。好みでカット・レモンを沈める。

レモン・ジュースとジンジャー・エールの爽快感が、スコットランドの高山地帯ハイランドの空気を感じさせてくれる。

| 13度 | 中口 | シェーク |
| オール | コリンズ・グラス | |

重厚な香りで飲む人を誘う

Hunter

ハンター

材料

- ライ・ウイスキー　　　　　　60ml
- チェリー・ブランデー　　　　20ml

作り方 氷を入れたミキシング・グラスで材料をステアし、ストレーナーをかぶせてカクテル・グラスに注ぐ。

猟師という名前のカクテルは、ウイスキーとチェリー・ブランデーの重厚な組み合わせが特徴。やさしく包み込むようなチェリー・ブランデーの甘みに誘われてしまうが、アルコール度数が高め。ハンターの高いアルコール度数に撃ち落とされないで。

| 32度 | 甘口 | ステア |
| オール | カクテル・グラス | |

Part 3　カクテルレシピ

リキュールとスコッチの香り高い味わい

Benedict
ベネディクト

材料
- スコッチ・ウイスキー　　　　30㎖
- ベネディクティン　　　　　　30㎖
- ジンジャー・エール　　　　　適量

作り方 氷を入れたオールドファッションド・グラスにウイスキーとベネディクティンを注ぎ、ステア。ジンジャー・エールで満たし、軽くステアする。

材料のベネディクティンは、27種類のハーブを使用した、世界最古の薬草系リキュールといわれている。スコッチ・ウイスキーとベネディクティンが奏でる味わいを楽しみたい。

| 16度 | 中甘口 | ビルド |
| 食後 | オールドファッションド・グラス | |

クローブの効能で冷えた体を温めて

Hot Whisky Toddy
ホット・ウイスキー・トディ

材料
- ライ・ウイスキー　　　　　　45㎖
- 角砂糖　　　　　　　　　　　1個
- 熱湯　　　　　　　　　　　　適量
- スライス・レモン　　　　　　1枚
- クローブ　　　　　　　　　2〜3粒

作り方 ホット・グラスにウイスキーと角砂糖を入れて熱湯で満たす。スライス・レモンとクローブを入れる。好みでシナモン・スティックを添えてもよい。

酒に水か湯を入れ、砂糖を加えたスタイルをトディという。ウイスキー・トディにスライス・レモンを入れ、飲みやすく仕上げる。

| 10度 | 中口 | ビルド |
| オール | ホット・グラス | |

ウイスキー・ベース

真夏の太陽の下で楽しみたい

Miami Beach
マイアミ・ビーチ

材料
- ライ・ウイスキー　　　　　　25ml
- ドライ・ベルモット　　　　　25ml
- グレープフルーツ・ジュース　25ml

作り方 シェーカーにすべての材料と氷を入れてシェークし、カクテル・グラスに注ぐ。

世界的に有名なマイアミ・ビーチ。ドライ・ベルモットとグレープフルーツ・ジュースを使った、さわやかでトロピカルな味。注文時はラムのマイアミと間違われないようビーチまでしっかり伝えて。

| 18度 | 中口 | シェーク |
| オール | カクテル・グラス | |

さわやかな夏向けのカクテル

Mint Julep
ミント・ジュレップ

材料
- バーボン・ウイスキー　　60ml
- 砂糖　　　　　　　　　　2tsp.
- 水(またはソーダ)　　　　2tsp.
- ミントの葉　　　　　10〜15枚

作り方 タンブラーにミントの葉と砂糖、水(またはソーダ)を入れ、ミントの葉を潰しながら練る。クラッシュド・アイスを詰めてウイスキーを注ぎ、十分にステア。ミントの葉を飾りストローを添える。

ジュレップとはアメリカ南部に伝わるミックス・ドリンクのこと。ケンタッキー・ダービーの公式ドリンクとして知られている。

| 29度 | 中辛口 | ビルド |
| オール | タンブラー | |

ブランデー・ベース

Brandy Cocktail

芳醇な香りとなめらかな舌触りをもつブランデーは、
ブドウの他にもリンゴやサクランボなど、
さまざまなフルーツからつくられます。
ブランデーのカクテルは、
その酒質を生かした品のある味わいに仕上がります。

[CONTENTS]

アレキサンダー p.144

スティンガー p.144

サイドカー p.145

アップル・ジャック p.146

オリンピック p.146

キャロル p.147

クラシック p.147

コープス・リバイバー p.148

シカゴ p.148

ジャック・ローズ p.149

ズーム・カクテル p.149

スリー・ミラーズ p.150

デビル p.150

ナイト・キャップ p.151

ハーバード・クーラー p.151

ハネムーン p.152

ビトウィン・ザ・シーツ p.152

フレンチ・コネクション p.153

ホーセズ・ネック p.153

定番 皇太子妃に捧げられた甘いカクテル

Alexander
アレキサンダー

定番 ミントとブランデーが鋭い印象を残す

Stinger
スティンガー

材料

ブランデー	40㎖
クレーム・ド・カカオ	20㎖
生クリーム	20㎖

材料

ブランデー	55㎖
クレーム・ド・ミント(ホワイト)	25㎖

作り方 シェーカーにすべての材料と氷を入れてシェークし、カクテル・グラスに注ぐ。

イギリスの皇太子エドワード7世の結婚記念に考案されたもので、カクテル名は、その妃アレキサンドラに由来する。クレーム・ド・カカオと生クリームが絶妙に溶け合う、チョコレートケーキのような女性に好まれる味。

23度	甘口	シェーク
食後	カクテル・グラス	

作り方 シェーカーにすべての材料と氷を入れてシェークし、カクテル・グラスに注ぐ。好みでミントの葉を飾る。

スティンガーとは、「刺す物」や「針」という意味。ニューヨークのレストラン「コロニー」で生まれた、食後向きの清涼感のあるカクテル。口の中で混ざり合うブランデーのコクと、ペパーミントのさわやかな刺激が印象的。

32度	中口	シェーク
食後	カクテル・グラス	

ブランデー・ベース

定番 フルーティな味わいで愛される1杯

Side Car
サイドカー

材料
- ブランデー　　　　　　40㎖
- ホワイト・キュラソー　　20㎖
- レモン・ジュース　　　　20㎖

作り方 シェーカーにすべての材料と氷を入れてシェークし、カクテル・グラスに注ぐ。

レモン・ジュースとホワイト・キュラソーのフレッシュな酸味とフルーティな味わいが特徴のフランス生まれのカクテル。シェーク・スタイルの基本形とされるシンプルなレシピだが、銘柄や分量によって生まれる違いがおもしろい。

| 30度 | 中口 | シェーク |
| オール | カクテル・グラス | |

リンゴとレモンがさわやかに香る

Apple Jack
アップル・ジャック

材料
- アップル・ブランデー　　　40mℓ
- レモン・ジュース　　　　　20mℓ
- グレナデン・シロップ　　　20mℓ

作り方　シェーカーにすべての材料と氷を入れてシェークし、カクテル・グラスに注ぐ。

アップル・ジャックはアップル・ブランデーのひとつ。リンゴのフルーティな香りにレモンの酸味がきいた、さっぱりとした味わいに仕上がる。シロップがつくり出す深紅の色合いが、女性を綺麗に演出する。

| 20度 | 中口 | シェーク |
| オール | カクテル・グラス | |

パリ五輪を記念したカクテル

Olympic
オリンピック

材料
- ブランデー　　　　　　　　25mℓ
- オレンジ・キュラソー　　　25mℓ
- オレンジ・ジュース　　　　25mℓ

作り方　シェーカーにすべての材料と氷を入れてシェークし、カクテル・グラスに注ぐ。

1900年、パリで開かれた第2回目のオリンピックを記念し、ホテル・リッツで生まれたというカクテル。すべての材料が1:1:1というシンプルなレシピは、誕生以来変わらない黄金比として知られる。搾りたてのオレンジで味わって。

| 20度 | 中口 | シェーク |
| オール | カクテル・グラス | |

ブランデー・ベース

「賛歌」という名の定番カクテル

Carol
キャロル

材料
- ブランデー　　　　　　　　　55ml
- スイート・ベルモット　　　　25ml
- マラスキーノ・チェリー　　　1個

作り方 氷を入れたミキシング・グラスでブランデーとスイート・ベルモットをステアし、カクテル・グラスに注ぐ。カクテル・ピンに刺したマラスキーノ・チェリーを飾る。

ブランデーとベルモットという個性の強い酒同士を合わせた1杯。甘口のベルモットがコクを引き出す。落ち着いた色みが、大人の雰囲気を感じさせてくれる。

| 28度 | 中口 | ステア |
| オール | カクテル・グラス ||

名前とは裏腹のポップな味わい

Classic
クラシック

材料
- ブランデー　　　　　　　　　40ml
- オレンジ・キュラソー　　　　15ml
- マラスキーノ　　　　　　　　15ml
- レモン・ジュース　　　　　　15ml
- 砂糖　　　　　　　　　　　　適量

作り方 シェーカーに砂糖以外の材料と氷を入れてシェークし、砂糖でスノー・スタイルにしたカクテル・グラスに注ぐ。

「古典的な」という意味をもつが、その響きとは裏腹に新しくてポップな味わいのカクテル。オレンジとチェリーの2種類の酒と、レモン・ジュースのバランスが好印象。

| 26度 | 中口 | シェーク |
| 食後 | カクテル・グラス ||

ミステリアスな風味の辛口カクテル

Corpse Reviver

コープス・リバイバー

材料
- ブランデー　　　　　　　　40ml
- カルバドス　　　　　　　　20ml
- スイート・ベルモット　　　20ml

作り方 氷を入れたミキシング・グラスで材料をステアし、カクテル・グラスに注ぐ。好みでレモンピールを搾る。

コープス・リバイバーとは、「死んだ者を蘇らせる」という意味。同名のカクテルがいくつかあるが、このレシピがもっともポピュラー。最後にレモン・ピールを搾ると、引き締まった味わいに仕上がる。

| 30度 | 辛口 | ステア |
| オール | カクテル・グラス | |

シャンパンを使用したオシャレな1杯

Chicago

シカゴ

材料
- ブランデー　　　　　　　　45ml
- オレンジ・キュラソー　　　2dash
- アンゴスチュラ・ビターズ　1dash
- シャンパン　　　　　　　　適量
- 砂糖　　　　　　　　　　　適量

作り方 シェーカーにビターズまでの材料と氷を入れてシェークし、砂糖でスノー・スタイルにしたシャンパン・グラスに注ぐ。冷やしたシャンパンで満たす。

北米屈指の大都市・シカゴ。スノー・スタイルの砂糖で甘口な印象を受けるが、シャンパンの炭酸のおかげですっきりと飲みやすい。

| 25度 | 中甘口 | シェーク |
| オール | シャンパン・グラス（フルート型） | |

ブランデー・ベース

甘酸っぱい風味とバラのような色合い

Jack Rose
ジャック・ローズ

材料
- アップル・ジャック　　　　40ml
- ライム・ジュース　　　　　20ml
- グレナデン・シロップ　　　20ml

作り方 シェーカーにすべての材料と氷を入れてシェークし、カクテル・グラスに注ぐ。好みでアップル・ジャックをカルヴァドスに替えてもよい。

鮮やかな色と、アメリカ産のアップル・ブランデーであるアップル・ジャックが名前の由来だが、最高級のアップル・ブランデーのフランス産のカルヴァドスでつくったものも味わってみてほしい。

| 20度 | 中口 | シェーク |
| オール | カクテル・グラス | |

濃厚な甘みをデザート感覚で

Zoom Cocktail
ズーム・カクテル

材料
- ブランデー　　　　　　　　35ml
- ハチミツ　　　　　　　　　20ml
- 生クリーム　　　　　　　　20ml

作り方 シェーカーにすべての材料と氷を入れて十分にシェークし、カクテル・グラスに注ぐ。

ズームは「ブーン」という擬声語で、ハチの羽音の意味。ハチミツを用いることからこの名がついた。ブランデーにハチミツと生クリームを加えるため、濃厚な甘みが感じられる。

| 20度 | 甘口 | シェーク |
| 食後 | カクテル・グラス | |

ブランデー&ラムのハード・ドランカー向き

Three Millers
スリー・ミラーズ

材料
- ブランデー　　　　　　　　45ml
- ライト・ラム　　　　　　　25ml
- グレナデン・シロップ　　　1tsp.
- レモン・ジュース　　　　　1dash

作り方 シェーカーにすべての材料と氷を入れてシェークし、カクテル・グラスに注ぐ。

ラムの香りでブランデーを引き立て、レモンの酸味とグレナデン・シロップの甘みをプラスしたすっきりした味わい。アルコール度数が高く、比較的辛口なので強いアルコール感を好む人に最適。

| 40度 | 辛口 | シェーク |
| オール | カクテル・グラス | |

妖しいグリーン・カクテルの誘惑

Devil
デビル

材料
- ブランデー　　　　　　　　50ml
- ペパーミント・リキュール（グリーン）　　　　　　　　　　30ml

作り方 シェーカーにすべての材料と氷を入れてシェークし、カクテル・グラスに注ぐ。

濃厚なブランデーに爽快なグリーン・ミントのリキュールを加えてつくる清涼感ある1杯。カウンターに映えるビビッドな色合いも目を楽しませてくれる。アルコール度数は高めなので、悪魔に誘われても自分のペースを崩さないで。

| 33度 | 中口 | シェーク |
| 食後 | カクテル・グラス | |

ブランデー・ベース

就寝前にぴったりな寝酒の代表格

Night Cap
ナイト・キャップ

材料

■ ブランデー	25㎖
■ アニゼット	25㎖
■ オレンジ・キュラソー	25㎖
■ 卵黄	1個分

作り方 シェーカーにすべての材料と氷を入れて十分にシェークし、カクテル・グラスに注ぐ。

就寝前に飲むナイト・キャップ(寝酒)。オレンジ・キュラソーとアニス酒のアニゼットがブランデーの甘さを引き締める。滋養強壮によい卵黄を用いているため、疲れている人にもおすすめ。

25度	甘口	シェーク
オール	カクテル・グラス	

暑さを吹き飛ばすソーダを使った1杯

Harvard Cooler
ハーバード・クーラー

材料

■ アップル・ブランデー	45㎖
■ レモン・ジュース	20㎖
■ 砂糖	1tsp.
■ ソーダ	適量

作り方 シェーカーにソーダ以外の材料と氷を入れてシェークし、氷を入れたコリンズ・グラスに注ぐ。冷やしたソーダで満たし、軽くステアする。

アップル・ブランデーの甘さとレモン・ジュースの酸味が見事にマッチ。ソーダで割って、口当たりよく涼しげに仕上げる。

12度	中口	シェーク
オール	コリンズ・グラス	

Part 3 カクテルレシピ

豊かな個性が重なる蜜月の味わい

Honeymoon
ハネムーン

材料

■ アップル・ブランデー	25㎖
■ ベネディクティン	25㎖
■ レモン・ジュース	25㎖
■ オレンジ・キュラソー	3dash

作り方 シェーカーにすべての材料と氷を入れてシェークし、カクテル・グラスに注ぐ。

現存する最古のレシピでつくられるリキュールのベネディクティンがもつ独特な甘みに、リンゴやレモン、オレンジを加えることで、豊かな味わいに。愛し合う二人の幸福な未来を予感させる1杯。

25度	中口	シェーク
オール	カクテル・グラス	

深夜に味わいたい大人な1杯

Between the Sheets
ビトウィン・ザ・シーツ

材料

■ ブランデー	25㎖
■ ホワイト・ラム	25㎖
■ ホワイト・キュラソー	25㎖
■ レモン・ジュース	1tsp.

作り方 シェーカーにすべての材料と氷を入れてシェークし、カクテル・グラスに注ぐ。

「ベッドに入って」というアダルトなネーミング。ブランデーにホワイト・ラム、ホワイト・キュラソーというハイ・アルコールな組み合わせ。寝酒にも向いている。

32度	中口	シェーク
オール	カクテル・グラス	

ブランデー・ベース

深みのある甘口カクテル

French Connection
フレンチ・コネクション

材料
- ブランデー　　　　　　　　　45ml
- アマレット　　　　　　　　　15ml

作り方
氷を入れたオールドファッションド・グラスにすべての材料を注ぎ、軽くステアする。

名前は麻薬捜査を描いたアメリカ映画『フレンチ・コネクション』に由来。アンズの核を用いたイタリア産リキュール「アマレット」を使用したシンプルな1杯。ウイスキー・ベースのものは「ゴッド・ファーザー」という。

| 32度 | 甘口 | ビルド |
| オール | オールドファッションド・グラス ||

レモンの皮を馬の首に見立てて

Horse's Neck
ホーセズ・ネック

材料
- ブランデー　　　　　　　　　45ml
- ジンジャー・エール　　　　　適量
- レモンの皮　　　　　　　　　1個分

作り方
かつら剥きにしたレモンの皮をコリンズ・グラスに飾り、氷を入れてブランデーを注ぐ。冷やしたジンジャー・エールで満たし、軽くステアする。

ホーセズ・ネックとは「馬の首」のこと。かつら剥きにしたレモンの皮を、グラスに飾る。ブランデーをシンプルにジンジャー・エールで割ることで軽やかな飲み口に仕上がる。

| 10度 | 中口 | ビルド |
| オール | コリンズ・グラス ||

Part 3 カクテルレシピ

Liqueur Cocktail

リキュール・ベース

「液体の宝石」とも呼ばれるリキュールは、
美しい色彩と、材料ごとに異なる風味をもった混成酒です。
それぞれの個性を生かすことにより、甘み、苦み、酸味の
バランスを多彩につくることができる酒です。
ここでは、リキュールの材料別に、Mix系、フルーツ系、
ハーブ・スパイス系、ナッツ・種子・核系、
特殊系に分類してレシピを紹介します。

[CONTENTS]

ファジーネーブル ……………… p.156

チャーリー・チャップリン …… p.157

カルーア・ミルク ……………… p.157

【Mix系】

ユニオン・ジャック …………… p.158

レインボー ……………………… p.158

【フルーツ系】

アフター・ディナー …………… p.159

アプリコット・カクテル ……… p.159

アプリコット・クーラー ……… p.160

キューバ・リバー・
シュプリーム …………………… p.160

キルシュ・カシス ……………… p.161

ジョージア・コリンズ ………… p.161

スカーレット・オハラ ………… p.162

スロー・ジン・フィズ ………… p.162

チャイナ・ブルー ……………… p.163

ディタモーニ …………………… p.163

パール・ハーバー ……………… p.164

バレンシア ……………………… p.164

ピーチ・ブロッサム …………… p.165

ブルー・レディ ………………… p.165

ルビー・フィズ ………………… p.166

レッド・バトラー ……………… p.166

【ハーブ・スパイス系】

アメール・ピコン・
ハイボール ……………………… p.167

アメリカーノ …………………… p.167

カンパリ・オレンジ …………… p.168

カンパリ・ソーダ ……………… p.168

グラスホッパー ………………… p.169

ゴールデン・キャデラック …… p.169

ゴールデン・ドリーム ………… p.170

スーズ・トニック ……………… p.170

スプモーニ ……………………… p.171

バイオレット・フィズ ………… p.171

パスティス・ウォーター ……… p.172

ミント・フラッペ ……………… p.172

【ナッツ・種子・核系】

エンジェル・キッス …………… p.173

エンジェル・ティップ ………… p.173

カカオ・フィズ ………………… p.174

クランベリー・クーラー ……… p.174

ボッチ・ボール ………………… p.175

ホット・イタリアン …………… p.175

【特殊系】

イースター・エッグ …………… p.176

スノー・ボール ………………… p.176

ペシェグルト …………………… p.177

マザーズ・タッチ ……………… p.177

定番　ピーチとオレンジの
ベスト・マッチ

Fuzzy Navel
ファジー・ネーブル

材料
- ピーチ・リキュール　　45㎖
- オレンジ・ジュース　　適量

作り方　氷を入れたオールドファッション・グラスにピーチ・リキュールを注ぎ、オレンジ・ジュースで満たしてステアする。

ファジーは「ぼやけた」という意味で、酔って頭がもうろうとした状態をさす。ネーブルは「へそ」という意味で、ネーブル・オレンジにへそがあるためにそうよばれる。ピーチ・リキュールとオレンジ・ジュースのフルーティな甘さが親しみやすい味わいに。

| 5度 | 甘口 | ビルド |
| オール | オールドファッションド・グラス |

リキュール・ベース

定番 "喜劇王"にふさわしい
軽やかな味

Charles Chaplin
チャーリー・チャップリン

材料
- アプリコット・ブランデー 20ml
- スロー・ジン 20ml
- レモン・ジュース 20ml

作り方 シェーカーにすべての材料と氷を入れてシェークし、氷を入れたオールドファッション・グラスに注ぐ。

「喜劇王」チャーリー・チャップリンの名がついた1杯。アプリコット・ブランデーの甘さに、スロー・ジン、レモン・ジュースを合わせ、チャップリン映画のような甘酸っぱく、軽やかな仕上がりに。

| 26度 | 中甘口 | シェーク |
| オール | オールドファッション・グラス | |

定番 コーヒーとバニラの
豊かな香り

Kahlua & Milk
カルーア・ミルク

材料
- カルーア 45ml
- 牛乳 適量

作り方 氷を入れたオールドファッション・グラスにカルーア(コーヒー・リキュール)を注ぎ、牛乳で満たして軽くステアする。

カルーアに牛乳を加えただけのシンプルなカクテル。男女問わず愛される理由は、カルーアの風味を引き立てた甘く飲みやすい味わい。カルーアは、アラビカ種のコーヒー豆を主原料にしたコーヒー・リキュールのひとつで、バニラの香りが含まれる。

| 10度 | 甘口 | ビルド |
| 食後 | オールドファッション・グラス | |

3種の材料がつくるカクテルの連合王国

Union Jack
ユニオン・ジャック

材料
- グレナデン・シロップ　　　1/3glass
- マラスキーノ　　　　　　　1/3glass
- シャルトリューズ（グリーン）1/3glass

作り方 バー・スプーンの背を使い、材料を上から順（グレナデン・シロップ、マラスキーノ、シャルトリューズの順）に、グラスの1/3量ずつフロートする。

ユニオン・ジャックというのは、イギリスの国旗のこと。イングランド、スコットランド、アイルランドの旗が組み合わさっている。このカクテルも同様に、3種類の材料で美しい3層をつくる。

| 26度 | 甘口 | ビルド |
| 食後 | リキュール・グラス | |

お好きな色から召し上がれ

Rainbow
レインボー

材料
- グレナデン・シロップ　　　　1/7glass
- アニゼット　　　　　　　　　1/7glass
- GET27グリーン・ペパーミント 1/7glass
- パルフェタムール　　　　　　1/7glass
- ブルー・キュラソー　　　　　1/7glass
- シャルトリューズ（グリーン）1/7glass
- ブランデー　　　　　　　　　1/7glass

作り方 材料をグレナデン・シロップから順に、グラスの1/7量ずつフロートする。

シロップとリキュール5種、ブランデー1種を積み上げた、虹のような美しい層が魅力の1杯。混ぜずにストローで好みの層から飲む。

| 28度 | 甘口 | ビルド |
| 食後 | リキュール・グラス | |

夕食後の口直しに飲みたい
After Dinner
アフター・ディナー

材料

- アプリコット・ブランデー　30mℓ
- オレンジ・キュラソー　30mℓ
- ライム・ジュース　20mℓ

作り方 シェーカーにすべての材料と氷を入れてシェークし、カクテル・グラスに注ぐ。

上品な酸味が胃をすっきりさせてくれるので、食後酒にぴったり。上記のレシピはアメリカのものだが、ヨーロッパのレシピではプルネル・ブランデー、チェリー・ブランデー、レモン・ジュースを同量で組み合わせて、シェークする。

22度	中甘口	シェーク
食後	カクテル・グラス	

アプリコットを満喫できるカクテル
Apricot Cocktail
アプリコット・カクテル

材料

- アプリコット・ブランデー　40mℓ
- オレンジ・ジュース　20mℓ
- レモン・ジュース　20mℓ
- ドライ・ジン　1tsp.

作り方 シェーカーにすべての材料と氷を入れてシェークし、カクテル・グラスに注ぐ。

アプリコット・ブランデーは、ブランデーにアプリコットを漬け込んだフルーティなリキュール。オレンジとレモンが、アプリコットのマイルドな味と香りを際立たせてくれる。

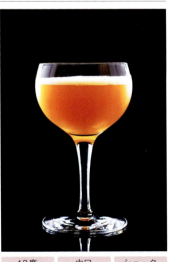

13度	中口	シェーク
オール	カクテル・グラス	

フレッシュなクーラー・スタイル

Apricot Cooler

アプリコット・クーラー

材料

- アプリコット・ブランデー　　45㎖
- レモン・ジュース　　20㎖
- グレナデン・シロップ　　1tsp.
- ソーダ　　適量

作り方 ソーダ以外の材料をシェークし、氷を入れたコリンズ・グラスに注ぐ。冷やしたソーダで満たし軽くステアする。

アプリコットとレモンのフルーティなさわやかさが、軽い飲み口を与えてくれる。暑い日はクラッシュド・アイスを入れて、見た目も飲み口も清涼感あふれるスタイルに。

| 5度 | 中口 | シェーク |
| オール | コリンズ・グラス | |

清涼感の増した最高傑作

Cuba Libre Superiem

キューバ・リバー・シュプリーム

材料

- サザン・カンフォート　　40㎖
- フレッシュ・ライム　　1/2個
- コーラ　　適量

作り方 タンブラーにフレッシュ・ライムを搾り、サザン・カンフォートを注ぐ。氷を加え、冷やしたコーラで満たし軽くステアする。

キューバ・リバー（p.106）のバリエーション。ラムの替わりに、果実とスパイスでつくられたサザン・カンフォートを使う。すっきりとした清涼感のある味わい。

| 12度 | 甘口 | ビルド |
| オール | タンブラー | |

リキュール・ベース / ■フルーツ系

チェリーとカシスの甘酸っぱさが魅力
Kirsch Cassis
キルシュ・カシス

材料

■ キルシュ	30mℓ
■ クレーム・ド・カシス	30mℓ
■ ソーダ	適量

作り方 氷を入れたタンブラーに、キルシュとクレーム・ド・カシスを注ぎステアする。冷やしたソーダで満たす。

ドイツ語で「チェリー」を意味するキルシュ。そのキルシュ・リキュールとクレーム・ド・カシスの甘酸っぱさと、ソーダのすっきりした飲み口がベストマッチ。クレーム・ド・カシスの発祥地であるフランスでは人気の高いカクテル。

| 11度 | 中口 | ビルド |
| オール | タンブラー | |

フルーティな味わいが心安らぐ
Georgia Collins
ジョージア・コリンズ

材料

■ サザン・カンフォート	40mℓ
■ レモン・ジュース	20mℓ
■ 7up	適量

作り方 氷を入れたコリンズ・グラスにサザン・カンフォートとレモン・ジュースを入れステア。7upで満たし、軽くステアする。好みでスライス・オレンジ、スライス・レモン、マラスキーノ・チェリーを飾る。

トム・コリンズ(p.80)のバリエーション。サザン・カンフォートをフルーティに仕上げた。フルーツを飾れば、より果実感が増す。

| 5度 | 中甘口 | ビルド |
| オール | コリンズ・グラス | |

カクテル版 『風と共に去りぬ』

Scarlett O'hara
スカーレット・オハラ

材料
- サザン・カンフォート　　35ml
- クランベリー・ジュース　25ml
- レモン・ジュース　　　　15ml

作り方　シェーカーにすべての材料と氷を入れてシェークし、グラスに注ぐ。

アメリカの南北戦争時代を描いた小説『風と共に去りぬ』のヒロインの名を冠したカクテル。舞台となるアメリカ南部産のサザン・カンフォートがベース。美しい赤い色彩は、情熱的な人生を歩んだヒロインを思い起こさせる。

| 15度 | 中甘口 | シェーク |
| オール | カクテル・グラス | |

甘く仕上げたスロー・ベリーのジン・フィズ

Sloe Gin Fizz
スロー・ジン・フィズ

材料
- スロー・ジン　　　　　45ml
- レモン・ジュース　　　20ml
- シュガー・シロップ　　2tsp.
- ソーダ　　　　　　　　適量

作り方　ソーダ以外の材料をシェークし、タンブラーに注ぐ。氷を加え、冷やしたソーダで満たし、軽くステアする。

スロー・ジンは、西洋スモモの一種であるスロー・ベリーのリキュール。甘みがあるため、フィズ・スタイルでさわやかな味わいに仕上げると、楽しみ方の幅が広がる。

| 14度 | 中口 | シェーク |
| オール | タンブラー | |

リキュール・ベース／■フルーツ系

楊貴妃が愛したライチと柑橘類の味わい

China Blue
チャイナ・ブルー

材料

- ディタ　　　　　　　　　　30ml
- グレープフルーツ・ジュース　45ml
- ブルー・キュラソー　　　　10ml

作り方 シェーカーにすべての材料と氷を入れてシェークし、カクテル・グラスに注ぐ。

ライチ・リキュールのディタは、グレープフルーツ・ジュースとの相性もよく、さわやかに仕上がる。唐の玄宗皇帝が寵愛した美女、楊貴妃がライチを愛していたという。ブルー・キュラソーが、神秘的な青い色をつくり出す。

| 12度 | 中口 | シェーク |
| オール | カクテル・グラス ||

ライチとスプモーニのさわやかな出会い

Ditamoni
ディタモーニ

材料

- ディタ　　　　　　　　　　30ml
- グレープフルーツ・ジュース　30ml
- トニック・ウォーター　　　適量

作り方 氷を入れたコリンズ・グラスに、トニック・ウォーター以外の材料を入れてステア。冷やしたトニック・ウォーターで満たし、軽くステアする。

スプモーニ (p.171) のバリエーションで、「ディタ・スプモーニ」とも呼ばれる。ライチの甘みに、グレープフルーツとトニック・ウォーターを加えて、さわやかな風味でさっぱりとした飲み口に。

| 5度 | 甘口 | ビルド |
| オール | コリンズ・グラス ||

真珠湾のエメラルドグリーンが映える

Pearl Harbour
パール・ハーバー

材料
- メロン・リキュール(ミドリ)　35mℓ
- ウオッカ　20mℓ
- パイナップル・ジュース　20mℓ

作り方 シェーカーにすべての材料と氷を入れてシェークし、カクテル・グラスに注ぐ。

ハワイ・オアフ島にあるパール・ハーバー(真珠湾)は、太平洋戦争での日本による真珠湾攻撃で知られている。真珠湾を表現したエメラルドグリーンは、メロン・リキュールの色合い。戦争とはほど遠い、甘い味わいが口の中に広がる。

| 20度 | 中甘口 | シェーク |
| オール | カクテル・グラス | |

芳醇なオレンジの香りで満たされる

Valencia
バレンシア

材料
- アプリコット・ブランデー　55mℓ
- オレンジ・ジュース　25mℓ
- オレンジ・ビターズ　2dash

作り方 シェーカーにすべての材料と氷を入れてシェークし、カクテル・グラスに注ぐ。

バレンシアは、スペインにあるオレンジの産地。その名にふさわしく、ジュースとビターズによる濃厚なオレンジの風味が楽しめる。アプリコット・ブランデーが、オレンジの風味をよりジューシーにしている。甘口でアルコール度数が低いので、女性におすすめ。

| 15度 | 甘口 | シェーク |
| 食後 | カクテル・グラス | |

みずみずしいピーチが口中にとろけだす

Peach Blossom
ピーチ・ブロッサム

材料

■ ピーチ・リキュール	40㎖
■ オレンジ・ジュース	40㎖
■ レモン・ジュース	1 tsp.
■ グレナデン・シロップ	1 tsp.

作り方 シェーカーにすべての材料と氷を入れてシェークし、グラスに注ぐ。

みずみずしい桃の甘さに、柑橘系ジュースを加えて、さっぱりとした飲み口に仕上げた。グレナデン・シロップを加えることで、やさしい色みとより濃厚な甘みをつくり出す。

6度	甘口	シェーク
オール	カクテル・グラス	

青い衣装がよく似合う美しいレディ

Blue Lady
ブルー・レディ

材料

■ ブルー・キュラソー	40㎖
■ ドライ・ジン	20㎖
■ レモン・ジュース	20㎖
■ 卵白	1個分

作り方 シェーカーにすべての材料と氷を入れて十分にシェークし、カクテル・グラスに注ぐ。

ジン・ベースのピンク・レディ (p.81) のバリエーション。ほんのり水色がかった泡は、卵白を入れて強くシェークしたことによるもの。甘いリキュールをまろやかにしてくれる。

17度	中口	シェーク
オール	カクテル・グラス	

フィズ・スタイルの赤い宝石

Ruby Fizz
ルビー・フィズ

材料

- スロー・ジン　45㎖
- レモン・ジュース　20㎖
- グレナデン・シロップ　1tsp.
- 砂糖　1tsp.
- 卵白　1個分
- ソーダ　適量

作り方 ソーダ以外の材料を十分にシェークし、氷を入れたタンブラーに注ぐ。ソーダで満たし、軽くステアする。

氷の入ったグラスに満たされた濃いピンク色が、ルビーのように美しい。甘く心地よい喉ごしを楽しむことができる。

| 8度 | 中口 | シェーク |
| オール | タンブラー | |

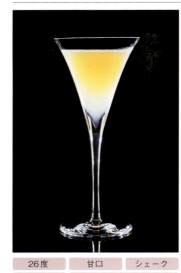

スカーレットと対をなすカクテル

Rhett Butler
レット・バトラー

材料

- サザン・カンフォート　25㎖
- グラン・マルニエ　25㎖
- ライム・ジュース　15㎖
- レモン・ジュース　15㎖

作り方 シェーカーにすべての材料と氷を入れてシェークし、カクテル・グラスに注ぐ。

小説『風と共に去りぬ』のヒロインであるスカーレットの伴侶レット・バトラー。スカーレット・オハラ（p.162）と同様、サザン・カンフォートがベース。最高級オレンジ・リキュールは、名家出身のバトラーにふさわしい。

| 26度 | 甘口 | シェーク |
| 食後 | カクテル・グラス | |

リキュール・ベース / ■フルーツ系　■ハーブ・スパイス

ソーダでリキュールの魅力を引き出す
Amer Picon Highball
アメール・ピコン・ハイボール

材料
- アメール・ピコン　　　　　　45㎖
- グレナデン・シロップ　　　　3dash
- ソーダ　　　　　　　　　　　適量

作り方 氷を入れたタンブラーにアメール・ピコンとグレナデン・シロップを注ぎステアする。冷やしたソーダで満たし、軽くステアする。好みでレモン・ピールを搾り、そのままグラスに入れてもよい。

アメール・ピコンは、フランス軍の軍人によってつくられた薬草リキュール。ソーダとの相性がよいので、ハイボールがおすすめ。

| 6度 | 中口 | ビルド |
| 食前 | タンブラー ||

甘くほろ苦いイタリアが生んだカクテル
Americano
アメリカーノ

材料
- カンパリ　　　　　　　　　　30㎖
- スイート・ベルモット　　　　30㎖
- ソーダ　　　　　　　　　　　適量

作り方 氷を入れたタンブラーにカンパリとスイート・ベルモットを注ぎステアする。冷やしたソーダで満たし、軽くステアする。好みでレモン・ピールを搾り、そのままグラスに入れてもよい。

アメリカーノとはイタリア語で「アメリカ人」を意味する。ほろ苦いカンパリと甘いベルモットの組み合わせは、ソーダでさっぱりといただく。

| 6度 | 中口 | ビルド |
| 食前 | タンブラー ||

Part 3　カクテルレシピ

イタリアで英雄と呼ばれるカクテル

Campari & Orange
カンパリ・オレンジ

材料
- カンパリ　　　　　　　　　45ml
- オレンジ・ジュース　　　　適量

作り方　氷を入れたタンブラーにカンパリを注ぎ、オレンジ・ジュースで満たしてステアする。好みでスライス・オレンジを飾る。

イタリアでは、イタリア統一に貢献した国民的英雄である「ガリバルディ」の名で呼ばれる。カンパリはビター・オレンジなどのさまざまな材料でつくられており、その特有のほろ苦さはオレンジのような柑橘類と相性がよく、大人の味わいを感じられる。

| 8度 | 中口 | ビルド |
| 食前 | タンブラー | |

さわやかな苦みが世界中に愛される

Campari & Soda
カンパリ・ソーダ

材料
- カンパリ　　　　　　　　　45ml
- ソーダ　　　　　　　　　　適量

作り方　氷を入れたタンブラーにカンパリを注ぎ、ソーダで満たして軽くステアする。好みでカット・レモンを搾り、そのままグラスに入れる。

ソーダで割るだけのシンプルなレシピは、カンパリ特有のほろ苦さと甘さを存分に味わえる。カンパリを使ったカクテルの代表格ともいえる。作者はカンパリを開発した者の2代目ダビデ氏といわれている。

| 8度 | 中口 | ビルド |
| 食前 | タンブラー | |

リキュール・ベース／ハーブ・スパイス系

草原を跳ねるバッタのような爽快感

Grasshopper
グラスホッパー

材料
- クレーム・ド・ミント（グリーン） 25㎖
- クレーム・ド・カカオ（ホワイト） 25㎖
- 生クリーム 25㎖

作り方
シェーカーにすべての材料と氷を入れて十分にシェークし、カクテル・グラスに注ぐ。

「バッタ」の意味をもつこのカクテルは、ミントのさわやかな香りが草原の風のような爽快感をもたらしてくれる。クレーム・ド・カカオとの組み合わせは、まるでチョコミントアイスを飲んでいるかのよう。食後に飲みたい1杯。

| 15度 | 甘口 | シェーク |
| 食後 | カクテル・グラス ||

金色の高級車を乗りまわすような気分に

Golden Cadillac
ゴールデン・キャデラック

材料
- ガリアーノ 25㎖
- クレーム・ド・カカオ（ホワイト） 25㎖
- 生クリーム 25㎖

作り方
シェーカーにすべての材料と氷を入れて十分にシェークし、カクテル・グラスに注ぐ。

キャデラックは、アメリカの高級車。グラスホッパーのミント・リキュールをガリアーノに替えれば、バッタが高級車に。ハーブを原料とした黄金色のガリアーノが、セレブリティな華やかな味わいに。

| 18度 | 甘口 | シェーク |
| 食後 | カクテル・グラス ||

甘くとろける口当たりが夢を見せる

Golden Dream

ゴールデン・ドリーム

材料

- ガリアーノ　　　　　　　　20ml
- ホワイト・キュラソー　　　20ml
- オレンジ・ジュース　　　　20ml
- 生クリーム　　　　　　　　20ml

作り方 シェーカーにすべての材料と氷を入れて十分にシェークし、グラスに注ぐ。

イタリア産リキュールのガリアーノに、ホワイト・キュラソーとオレンジ・ジュースをブレンドして、香り高く仕上げる。なめらかな生クリームと相まって、その飲み口はまるで華やかな夢の世界のよう。

| 16度 | 甘口 | シェーク |
| 食後 | カクテル・グラス | |

あの芸術家も愛したリキュールを使って

Suze Tonic

スーズ・トニック

材料

- スーズ　　　　　　　　　　45ml
- トニック・ウォーター　　　適量

作り方 氷を入れたタンブラーにスーズを注ぎ、冷やしたトニック・ウォーターで満たし、軽くステアする。

スーズの風味をストレートに感じられる、スーズとトニック・ウォーターだけのシンプルなレシピ。フランス産のスーズは、リンドウ科の薬草ゲンチアナを使ってつくられるほろ苦いリキュール。芸術家のピカソも、スーズのボトルを描くほど愛飲していたという。

| 5度 | 中口 | ビルド |
| 食前 | タンブラー | |

カンパリ・ソーダと並ぶ人気のカクテル

Spumoni
スプモーニ

材料
- カンパリ　　　　　　　　　　30ml
- グレープフルーツ・ジュース　45ml
- トニック・ウォーター　　　　適量

作り方 氷を入れたコリンズ・グラスにカンパリとグレープフルーツ・ジュースを注ぎステア。冷やしたトニック・ウォーターで満たし、軽くステアする。

イタリア語で「泡立つ」という意味の「スプマーレ」が名の由来。トニック・ウォーターの気泡が、カンパリの苦みとグレープフルーツ・ジュースの酸味を包み込んで引き立たせる。

| 5度 | 中口 | ビルド |
| オール | コリンズ・グラス | |

可憐な花に似たバイオレットが特徴

Violet Fizz
バイオレット・フィズ

材料
- パルフェ・タムール　　45ml
- レモン・ジュース　　　20ml
- 砂糖　　　　　　　　　2tsp.
- ソーダ　　　　　　　　適量

作り方 ソーダ以外の材料をシェークし、氷を入れたタンブラーに注ぐ。冷やしたソーダで満たし、軽くステアする。

可憐なスミレのような紫色が印象的な、フィズ・スタイルのカクテル。バイオレット・リキュールの代表的なカクテルなので、味と香りを存分に堪能してほしい。

| 6度 | 中口 | シェーク |
| オール | タンブラー | |

独特の清涼感をシンプルに楽しむ

Pastis Water

パスティス・ウォーター

材料
- パスティス　　　　　　　　30ml
- ミネラル・ウォーター　　　　適量

作り方　氷を入れたタンブラーにパスティスを注ぎ、冷やしたミネラル・ウォーターで満たしステアする。

パスティスはスター・アニスやフェンネルなどで風味づけした薬草系リキュール。琥珀色のパスティスに水を加えると、たちまち白濁し、色も味わいも楽しむことのできるカクテルになる。スター・アニスの風味と独特の清涼感が魅力。

| 9度 | 中口 | ビルド |
| オール | タンブラー | |

見た目も味も涼しげな夏向けカクテル

Mint Frappe

ミント・フラッペ

材料
- クレーム・ド・ミント(グリーン)　　　30〜45ml

作り方　ソーサ型のシャンパン・グラス(もしくは大型のカクテル・グラス)に、クラッシュド・アイスを山盛りに詰め、クレーム・ド・ミントを注ぎ、ストローを添える。好みでミントの葉を添える。

フラッペとはフランス語で「氷で冷やした」という意味。クラッシュド・アイスの上から透明感のあるグリーン・ミント・リキュールを注げば、見た目にも涼しげなカクテルに。ミントのすっきりした味わいは、暑い夏にぴったり。

| 17度 | 甘口 | ビルド |
| 食後 | シャンパン・グラス(ソーサ型) | |

芳醇で甘い天使の口づけをあなたに

Angel's Kiss
エンジェル・キッス

材料
- クレーム・ド・カカオ　　1/4glass
- クレーム・ド・バイオレット　1/4glass
- プルネル・ブランデー　　1/4glass
- 生クリーム　　　　　　　1/4glass

作り方　すべての材料をクレーム・ド・カカオから順に、混ざり合わないバー・スプーンの背で1/4量ずつフロートする。

4種の材料が織りなす香り高いカクテルは、まるで天使に口づけされたかのようなやさしい甘さを与えてくれる。日本では下のエンジェル・ティップがこの名で呼ばれているが、海外ではこちらが主流。

| 18度 | 甘口 | ビルド |
| 食後 | リキュール・グラス ||

天使が射止めたチェリーを添えて

Angel's Tip
エンジェル・ティップ

材料
- クレーム・ド・カカオ　　3/4glass
- 生クリーム　　　　　　　1/4glass
- マラスキーノ・チェリー　　1個

作り方　シェリー・グラスにクレーム・ド・カカオを注ぎ、生クリームをフロートする。カクテル・ピンを刺したマラスキーノ・チェリーをグラスに渡す。

日本ではエンジェル・キッスの名前で知られる、見た目にもかわいいデザート・カクテルの定番。カカオの香ばしさと、生クリームのなめらかな甘さを楽しんで。

| 8度 | 甘口 | ビルド |
| 食後 | シェリー・グラス ||

カカオをさっぱり飲みたいならこれ

Cacao Fizz
カカオ・フィズ

材料

■ クレーム・ド・カカオ	45㎖
■ レモン・ジュース	20㎖
■ 砂糖	1tsp.
■ ソーダ	適量

作り方 ソーダ以外の材料をシェークし、タンブラーに注ぐ。氷を加え、冷やしたソーダで満たし軽くステアする。

カカオの香ばしさに、レモンの酸味とソーダの発泡感が加わって、さっぱりとしたさわやかな口当たりに。デコレーションをするなら、カカオ・リキュールと相性のよいマラスキーノ・チェリーを。

| 8度 | 中甘口 | シェーク |
| オール | タンブラー | |

3つの素材がつくる香りのハーモニー

Cranberry Cooler
クランベリー・クーラー

材料

■ アマレット	45㎖
■ クランベリー・ジュース	90㎖
■ オレンジ・ジュース	30㎖

作り方 氷を入れたコリンズ・グラスにすべての材料を注ぎ、ステアする。

アーモンドのような香りのアマレットに、クランベリーとオレンジのフルーティな香りのハーモニーが見事なカクテル。3つの素材が、情熱的で鮮やかな色彩を描き出す。アルコール度数が高くないのでシーンを選ばずに飲める。

| 7度 | 甘口 | ビルド |
| オール | コリンズ・グラス | |

リキュール・ベース／■ナッツ・種子・核系

スポーツ後の喉を潤す爽快感
Boccie Ball
ボッチ・ボール

材料
- アマレット　　　　　　　　　30ml
- オレンジ・ジュース　　　　　30ml
- ソーダ　　　　　　　　　　　適量

作り方 氷を入れたコリンズ・グラスにアマレットとオレンジ・ジュースを注いでステアする。冷やしたソーダで満たし、軽くステアする。

ボッチは、イタリア発祥のボールを使ったカーリングのようなゲーム。イタリア発祥のアーモンドフレーバーのアマレットに、オレンジ・ジュースとソーダを加えて、爽快な飲み口にしている。

| 6度 | 中甘口 | ビルド |
| オール | コリンズ・グラス ||

凍えた体を温めるホット・オレンジ
Hot Italian
ホット・イタリアン

材料
- アマレット　　　　　　　　　40ml
- オレンジ・ジュース　　　　 160ml

作り方 ホット・グラスにアマレットを注ぎ、温めたオレンジ・ジュースを加えてステアする。マドラーとしてシナモン・スティックを添えてもよい。

スクリュードライバー（p.94）のウオッカをアマレットに替えて、ホット・カクテルに。「ホット・イタリアン・スクリュードライバー」とも呼ばれる。熱を与えることで、オレンジがさらに香り高く、ジューシーになる。

| 5度 | 甘口 | ビルド |
| オール | ホット・グラス ||

Part 3　カクテルレシピ

17度	甘口	ビルド
食後	オールドファッションド・グラス	

カクテル版イースター・エッグ

Easter Egg

イースター・エッグ

材料
- チョコレートクリーム・リキュール　30ml
- アドヴォカート　30ml

作り方 氷を入れたオールドファッションド・グラスにすべての材料を注ぎステア。

イースター（復活祭）はキリストが復活したことを祝う日。その際に、色をつけて飾りつける卵がイースター・エッグである。卵黄を使ったリキュール、アドヴォカートは甘くまろやかな口当たり。そこにチョコレート・リキュールをブレンドすれば、甘く濃厚な味わいに仕上がる。

4度	甘口	ビルド
オール	タンブラー	

卵と柑橘類がつくるサプライズ

Snowball

スノー・ボール

材料
- アドヴォカート　40ml
- ライム・ジュース　1dash
- レモネード　適量

作り方 氷を入れたタンブラーにアドヴォカートとライム・ジュースを注ぐ。レモネードで満たし、ステアする。

蒸留酒に卵黄やバニラを加えてつくるアドヴォカートと、ライム・ジュースやレモネードの柑橘類が意外なほどにマッチしたカクテル。他にも、炭酸系飲料などさまざまな割り材を楽しめば、サプライズな味わいに出会えるだろう。

リキュール・ベース / ■ 特殊系

ピーチ×ヨーグルトの涼しげな1杯
Pecheghurt
ペシェグルト

材料

■ ヨーグルト・リキュール	30ml
■ ピーチ・リキュール	30ml
■ 牛乳	15ml
■ グレープフルーツ・ジュース	15ml
■ グレナデン・シロップ	1tsp.

作り方 バー・ブレンダーですべての材料とクラッシュド・アイスをブレンドし、シャンパン・グラス（ソーサ型）に注ぐ。好みでミントの葉を飾る。

ペシェはフランス語で桃を意味する。ヨーグルトの酸味とピーチの甘みが飲みやすい。フローズン・スタイルなので、夏のデザートに。

| 11度 | 甘口 | ブレンド |
| 食後 | シャンパン・グラス（ソーサ型） ||

母の手を思い出すなつかしい甘さ
Mother's Touch
マザーズ・タッチ

材料

■ ストロベリー・クリーム・リキュール	30ml
■ クレーム・ド・カカオ	20ml
■ クレーム・ド・カフェ	10ml
■ 熱湯	適量
■ 生クリーム	適量

作り方 グラスにクレーム・ド・カフェまでの材料を入れ、ステアしながら湯を注ぎ、ホイップした生クリームを乗せる。チョコレートやビスケットを浮かべても。

ストロベリーの甘酸っぱさに、カカオやコーヒーの風味が香る。やさしい母の手に触れたかのように、甘く温かいカクテル。

| 9度 | 甘口 | ビルド |
| 食後 | ホット・グラス ||

Column 厳選"通"カクテル2

男女問わない"通"好みの厳選カクテル4種を紹介します。

丸ごとイチゴのデザートカクテル
Gorky Park
ゴーリキー・パーク

材料	
ウオッカ	80㎖
グレナデン・シロップ	2tsp.
イチゴ	1個

作り方 ▶ バー・ブレンダーにすべての材料とクラッシュド・アイスを入れてブレンドし、グラスに注ぐ。好みでイチゴ(分量外)とミントの葉を飾る。

| 26度 | 中甘口 | ブレンド |
| オール | シャンパン・グラス(ソーサー型) | |

フレッシュなイチゴとグレナデン・シロップを使った、シャーベット感覚で楽しめるカクテル。ストロベリーピンクの色合いもキュートで女性に人気。

幻想的なブルーが美しい
Fantastic Leman
ファンタスティック・レマン

材料	
日本酒	30㎖
ホワイト・キュラソー	20㎖
キルシュワッサー	1tsp.
レモン・ジュース	1tsp.
トニック	適量
ブルー・キュラソー	20㎖

作り方 ▶ レモン・ジュースまでをシェークし、氷を入れたグラスに注ぐ。トニックを加え、ブルー・キュラソーを沈める。

| 10度 | 中口 | シェーク |
| オール | コリンズ・グラス | |

スイスにあるレマン湖の色を表現した1杯。レモン・ジュースの酸味が他の材料の甘さを引き締める。

横浜生まれの爽快カクテル

Jack Tar
ジャック・ター

材料

- 151 プルーフ・ラム　　　　　30ml
- サザン・カンフォート　　　　25ml
- ライム・ジュース　　　　　　25ml

作り方 シェーカーにすべての材料と氷を入れてシェークし、クラッシュド・アイスを詰めたオールドファッションド・グラスに注ぐ。好みでカット・ライムを。

アルコール度数が高い151プルーフ・ラムをベースに、ハーブ系リキュールのサザン・カンフォートとライムの風味ですっきりと仕上げる。横浜のバー「ウインドジャマー」のオリジナルカクテル。

| 35度 | 中口 | シェーク |
| オール | オールドファッションド・グラス | |

美しくよみがえる甘い思い出

Sweet Memory
スイート・メモリー

材料

- 杏露酒　　　　　　　　　　　25ml
- アマレット　　　　　　　　　15ml
- グレープフルーツ・ジュース　35ml

作り方 シェーカーにすべての材料と氷を入れてシェークし、カクテル・グラスに注ぐ。

杏露酒のジューシーな甘さに、アマレットの香ばしいアーモンドの香りとグレープフルーツ・ジュースの酸味が心地よい。飲めばたちまち、甘酸っぱい素敵な思い出がよみがえってくる。

| 9度 | 甘口 | シェーク |
| 食後 | カクテル・グラス | |

Wine Cocktail

ワイン・ベース

カクテルに使われるワインは、ポピュラーな赤・白に加え、
ベルモットやシェリー、シャンパンなど、
味わいや特徴もバリエーションが豊かです。

[CONTENTS]

ミモザ································p.181

ワイン・クーラー························p.181

アメリカン・レモネード··················p.182

カーディナル····························p.182

キール··································p.183

キール・ロワイヤル······················p.183

シャンパン・カクテル····················p.184

スプリッツァー··························p.184

ベリーニ································p.185

ベルモット・アンド・カシス··············p.185

ワイン・ベース

定番 愛らしい花によく似た上品なカクテル

Mimosa
ミモザ

定番 好みのワインで自由に楽しむさわやかな1杯

Wine Cooler
ワイン・クーラー

材料
- シャンパン　　　　　　　　40ml
- オレンジ・ジュース　　　　40ml

作り方 オレンジ・ジュース、シャンパンの順に、シャンパン・グラスに注ぐ。

フランスの上流階級の間では「シャンパン・ア・ロランジェ」と呼んでおり、古くから愛されてきたカクテル。シャンパンとオレンジ・ジュースの贅沢でさわやかな味わいは、世界中で高い人気がある。色合いが、春を告げるとされる愛らしいミモザの花と同じため、この名で呼ばれたという。

| 8度 | 中口 | ビルド |
| オール | シャンパン・グラス(フルート型) | |

材料
- ワイン　　　　　　　　　　85ml
- オレンジ・キュラソー　　　10ml
- グレナデン・シロップ　　　10ml
- オレンジ・ジュース　　　　25ml

作り方 冷やしたワインとジュース、シロップ、キュラソーの順にシャンパン・グラスに注ぎ、ステアする。

キリッと冷やしたワインと果汁が、涼しさを感じさせてくれる。ワインは赤・白・ロゼどれでもOK。色鮮やかに仕上げたいなら、赤かロゼ・ワインがおすすめ。フルーツを飾っておしゃれに仕上げても。

| 12度 | 中口 | ビルド |
| オール | シャンパン・グラス(フルート型) | |

Part 3 カクテルレシピ

| 3度 | 中口 | ビルド |
| オール | コリンズ・グラス | |

鮮やかな2層のフロートが美しい
American Lemonade
アメリカン・レモネード

材料

■赤ワイン	30㎖
■レモン・ジュース	40㎖
■砂糖	3tsp.

作り方 赤ワイン以外の材料をコリンズ・グラスに注ぎ、ステアする。赤ワインを注ぎ、フロートさせる。

レモネードと赤ワインのシンプルなレシピ。透明感のある赤と白のコントラストが美しく、女性にも人気が高い。ストローで下のレモネードだけ飲んだり、よくステアして飲んだりと、味わいの違いを楽しんで。

| 15度 | 中口 | ビルド |
| オール | ワイン・グラス | |

カシスと赤ワインがつくる深紅のカクテル
Cardinal
カーディナル

材料

■赤ワイン	120㎖
■クレーム・ド・カシス	30㎖

作り方 冷やした赤ワインとクレーム・ド・カシスをワイン・グラスに注ぎ、軽くステアする。

赤ワインにカシス・リキュールを加えた、名前の通り美しい深紅のカクテル。キール（p.183）を参考につくられたレシピで、赤ワインを主体に4：1〜5：1の割合でつくられるのが一般的。ワインの中に、しっかりとカシスのフレッシュな甘さが感じられる。

ワイン・ベース

カシスが香るフルーティなカクテル

Kir
キール

材料
- 白ワイン　　　　　　　　　4/5glass
- クレーム・ド・カシス　　　1/5glass

作り方 冷やした白ワインとクレーム・ド・カシスをシャンパン・グラスに注ぎ、軽くステアする。

ブルゴーニュ・ワインをPRするため、フランス・ブルゴーニュ地方の中心都市・ディジョンのキャノン・フェリックス・キール市長が考案したカクテル。ブルゴーニュ特産の酸味のある辛口白ワインと、甘いカシス・リキュールが好相性。

14度	中口	ビルド
食前	シャンパン・グラス(フルート型)	

その名にふさわしい優雅さが魅力

Kir Royal
キール・ロワイヤル

材料
- シャンパン　　　　　　　　4/5glass
- クレーム・ド・カシス　　　1/5glass

作り方 冷やしたシャンパンとクレーム・ド・カシスをシャンパン・グラスに注ぎ、軽くステアする。

キールの白ワインをシャンパンに替えて、さわやかな発泡感のある優雅な雰囲気に仕上げた1杯。アペリティフ(食前酒)に選ばれることが多い。薄いピンクの液面と泡が立ちのぼる高貴なたたずまいは、「ロワイヤル(王家)」の名にふさわしい。

14度	中口	ビルド
食前	シャンパン・グラス(フルート型)	

伝統カクテルはキザなセリフとともに

Champagne Cocktail

シャンパン・カクテル

材料

■ シャンパン	1glass
■ アンゴスチュラ・ビターズ	1dash
■ 角砂糖	1個

作り方 角砂糖をシャンパン・グラスに入れ、アンゴスチュラ・ビターズを染み込ませ、冷やしたシャンパンを注ぐ。

映画『カサブランカ』の中で「君の瞳に乾杯」という名ゼリフとともに登場。角砂糖を溶かしながら飲むこのカクテルは、味の変化だけでなく、溶けていく角砂糖のロマンティックな姿も楽しめる。

| 15度 | 中口 | ビルド |
| オール | シャンパン・グラス(ソーサ型) | |

白ワインをソーダで割った軽快なアペリティフ

Spritzer

スプリッツァー

材料

■ 白ワイン	60mℓ
■ ソーダ	適量

作り方 冷やした白ワインをシャンパン・グラスに注ぐ。ソーダで満たし、ステアする。

白ワインの中に、弾けるソーダの泡立ちが特徴の定番カクテル。見た目も口当たりもさわやかで、食欲を少し抑えたいときの食前酒にぴったり。よく冷えた状態で味わいたい。ドイツ語で「弾ける」という意味のスプリッツェン(Spritzen)が語源。

| 5度 | 中口 | ビルド |
| 食前 | シャンパン・グラス(フルート型) | |

ワイン・ベース

画家ベリーニに捧げる芸術的な1杯

Bellini
ベリーニ

材料
- スパークリング・ワイン　　2/3glass
- ピーチ・ネクター　　　　　1/3glass
- グレナデン・シロップ　　　　1dash

作り方 ピーチ・ネクターとシロップをシャンパン・グラスに入れる。スパークリング・ワインを注ぎ、ステアする。

スパークリング・ワインとピーチ・ネクターがさわやかな甘みを演出。イタリアの老舗「ハリーズ・バー」のオーナーが大ファンだった画家・ベリーニの展覧会の開催を記念して考案したという。本店のレシピは、生の白桃を使用。

| 10度 | 中口 | ビルド |
| 食前 | シャンパン・グラス(フルート型) ||

フランスで愛されるさわやかな食前酒

Vermouth&Cassis
ベルモット・アンド・カシス

材料
- ドライ・ベルモット　　　　　60mℓ
- クレーム・ド・カシス　　　　15mℓ
- ソーダ　　　　　　　　　　　適量

作り方 ドライ・ベルモットとクレーム・ド・カシスをタンブラーに入れる。ソーダを注ぎ、ステアする。

別名フレンチ・ベルモット、ポンピエ(消防士)。フランスの国民酒ドライ・ベルモットとクレーム・ド・カシスを組み合わせた、ほどよい甘酸っぱさと風味豊かな味わい。フランスでは、食前酒の定番。

| 13度 | 中口 | ビルド |
| 食前 | タンブラー ||

Beer Cocktail

ビール・ベース

ビールは、大きくエール（上面発酵）と
ラガー（下面発酵）の2種類に分けられます。
日本では個性の強いエールよりも、他の材料とマッチしやすく、
すっきりと爽快な味わいのラガーを使うのが一般的です。

[CONTENTS]

レッド・アイ……………………………………………… p.187
シャンディー・ガフ……………………………………… p.187
カンパリ・ビア…………………………………………… p.188
ドッグズ・ノーズ………………………………………… p.188
ビア・スプリッツァー…………………………………… p.189
ブラック・ベルベット…………………………………… p.189

ビール・ベース

定番 二日酔いで充血した目と同じ色

Red Eye
レッド・アイ

定番 ビア・カクテルの大本命

Shandy Gaff
シャンディー・ガフ

材料
■ ビール	1/2glass
■ トマト・ジュース	1/2glass

作り方 ビールをタンブラーに注ぎ、冷やしたトマト・ジュースで満たす。軽くステアする。

レッド・アイはその名の通り、赤い目。二日酔いの充血した目を表現している。体にやさしいトマト・ジュースで仕上げた、二日酔いの特効薬といわれている。味は少し苦みのあるトマト・ジュース。欧米では卵黄を加え、正しく「目」をつくるとか。

| 3度 | 中口 | ビルド |
| オール | タンブラー | |

材料
■ ビール	1/2glass
■ ジンジャー・エール	1/2glass

作り方 ビールをビール・グラスに注ぎ、ジンジャー・エールで満たす。軽くステアする。

本場イギリスで愛されるビア・カクテルは、ジンジャー・エールのピリッとした辛さと、ビールの苦みがさっぱり爽快な味わい。香り豊かなエール・ビールを用いるのが、本場イギリス流。スタウトなどの黒ビールを使って、違いを楽しんでもよし。

| 3度 | 中口 | ビルド |
| オール | ビール・グラス | |

Part 3 カクテルレシピ

2種類のほろ苦さが絶妙なバランス

Campari Beer
カンパリ・ビア

材料
- ビール　　　　　　　　　　適量
- カンパリ　　　　　　　　　30ml

作り方 カンパリをビール・グラスに注ぎ、ビールで満たす。軽くステアする。

ビター・オレンジの果皮など、30種類以上のハーブを使ったイタリアを代表する苦み酒「カンパリ」に、ホップの苦みをもつビールを加えてつくり出す。2種類の苦みのハーモニーが楽しめる、大人のビア・カクテル。カンパリ・レッドに染まった、華やかな色彩が魅力的。

| 8度 | 中口 | ビルド |
| オール | ビール・グラス | |

大人のドライなビア・カクテル

Dog's Nose
ドッグズ・ノーズ

材料
- ビール　　　　　　　　　　適量
- ドライ・ジン　　　　　　　45ml

作り方 ドライ・ジンをビール・グラスに注ぎ、ビールで満たして軽くステア。

ビールのもつ苦みと、ドライ・ジンの辛さとさわやかな香りがブレンドされた、刺激的なカクテル。辛口な味わいが大人向け。スピリッツを使うため、本来のビールよりもアルコール度数が高いので飲みすぎに注意。ビール単体では物足りない、強いアルコール感が好きな人向け。

| 10度 | 辛口 | ビルド |
| オール | ビール・グラス | |

ビール・ベース

白ワイン派もビール派も納得
Beer Spritzer
ビア・スプリッツァー

材料
- ビール　　　　　　　　　　　1/2glass
- 白ワイン　　　　　　　　　　1/2glass

作り方 白ワインをビール・グラスに注ぎ、ビールで満たす。軽くステアする。

白ワインとビールのシンプルなカクテル。ほろ苦いビールに、フルーティな酸味をもつ白ワインを加えることで新鮮な爽快感を味わえる。苦みが多少緩和されるので、ビールが苦手な女性でも楽しめる1杯。ワイン党からもビール党からも支持されている。

| 9度 | 中口 | ビルド |
| オール | ビール・グラス | |

ベルベットのようななめらかな泡立ち
Black Velvet
ブラック・ベルベット

材料
- スタウト　　　　　　　　　　1/2glass
- シャンパン　　　　　　　　　1/2glass

作り方 スタウトとシャンパンを同時に、ビール・グラスの両サイドから注ぐ。

上品な織物であるベルベットのようななめらかな舌触りと、出来上がりの色合いからその名がつけられた。アイルランド生まれの濃色の上面発酵ビール「スタウト」と、フランス生まれのシャンパンを加える。なめらかな口当たりと芳醇な香りを楽しみたい。

| 10度 | 中口 | ビルド |
| オール | ビール・グラス | |

Part 3　カクテルレシピ

Sake & Shochu Cocktail

日本酒&焼酎・ベース

日本独自の酒を使った新鮮なカクテルです。
日本酒のカクテルは、特有の吟醸香やまろやかな風味が持ち味。
多様な原料からつくられる本格焼酎のカクテルは、
選ぶ種類によってさまざまな味わいが楽しめます。

[CONTENTS]

サケティーニ	p.191
ラスト・サムライ	p.191
サムライ	p.192
薩摩小町	p.192
酎ティーニ	p.193
村雨（むらさめ）	p.193

日本酒 & 焼酎・ベース

定番 "Sake"でつくる和製マティーニ

Saketini
サケティーニ

定番 サムライの凛とした佇まいを感じる

Last Samurai
ラスト・サムライ

サケティーニ

材料
- 日本酒　　　　　　　　20ml
- ジン　　　　　　　　　60ml

作り方 氷を入れたミキシング・グラスですべての材料をステアし、カクテル・グラスに注ぐ。好みでカクテル・ピンに刺したオリーブを飾る。

マティーニ（p.67）のドライ・ベルモットを日本酒に替え、和製マティーニとして味わう。使用する酒の銘柄によって味わいが異なる。自分の好きな銘柄に合うものを探したり、組み合わせを考えたりして大人らしい楽しみ方を。

36度	辛口	ステア
食前	カクテル・グラス	

ラスト・サムライ

材料
- 米焼酎　　　　　　　　35ml
- チェリー・ブランデー　20ml
- ライム・ジュース　　　20ml

作り方 シェーカーにすべての材料と氷を入れてシェークし、カクテル・グラスに注ぐ。好みでカクテル・ピンに刺したマラスキーノ・チェリーを沈め、レモン・ピールを搾る。

米焼酎にチェリー・ブランデーの香りとライムの酸味が、味わい深いカクテル。勇ましいサムライに流れる血をイメージさせるような緋色が特徴的。

20度	中口	シェーク
オール	カクテル・グラス	

Part 3　カクテルレシピ

日本酒×フルーツの新感覚カクテル

Samurai
サムライ

材料
- 日本酒 　　　　　　　　　　60㎖
- ライム・ジュース 　　　　　20㎖
- レモン・ジュース 　　　　　1tsp.

作り方 ▶ シェーカーにすべての材料と氷を入れてシェークし、カクテル・グラスに注ぐ。

日本酒に、ライムとレモンの果汁を加えてさっぱり風味のカクテルに。日本酒のコクがこれまた一興。フルーティな味わいと、柑橘系の香りと酸味が心地よい。砂糖やシロップを加えれば、甘口が好きな人も楽しめる。

| 10度 | 中口 | シェーク |
| オール | カクテル・グラス ||

小町娘のようなちょっと小粋な味わい

Satsuma Komachi
薩摩小町

材料
- 芋焼酎 　　　　　　　　　　40㎖
- ホワイト・キュラソー 　　　20㎖
- レモン・ジュース 　　　　　20㎖
- 塩 　　　　　　　　　　　　適量

作り方 ▶ シェーカーに塩以外の材料と氷を入れてシェークし、塩でスノー・スタイルにしたカクテル・グラスに注ぐ。

薩摩といえば、鹿児島。その鹿児島を中心につくられる芋焼酎の力強さと、ホワイト・キュラソーのフルーティな香味が出会えば小町娘のような小粋な味わいに。塩のアクセントも粋な演出。

| 22度 | 中口 | シェーク |
| オール | カクテル・グラス ||

日本酒 & 焼酎・ベース

風味豊かな焼酎版マティーニ
Chutini
酎ティーニ

材料
- ホワイト・リカー　　　　60ml
- ドライ・ベルモット　　　20ml
- オレンジ・ビターズ　　　1dash

作り方 氷を入れたミキシング・グラスで材料をステアし、カクテル・グラスに注ぐ。好みでカクテル・ピンに刺したオリーブを飾る。

サケティーニ（p.191）が日本酒なら、酎ティーニは焼酎を使用する。無味無臭のホワイト・リカーを用いてベルモットの風味を生かせば、たちまちカクテルらしいおしゃれな仕上がりに。

| 23度 | 辛口 | ステア |
| 食前 | カクテル・グラス | |

個性が溶け合うキレのある味わい
Murasame
村雨（むらさめ）

材料
- 麦焼酎　　　　　　　　45ml
- ドランブイ　　　　　　10ml
- レモン・ジュース　　　1tsp.

作り方 すべての材料をオールドファッションド・グラスに注ぎ、軽くステアする。

「にわか雨」を意味する名前の通り、一瞬でやむ雨のようにキレのある味わいが楽しめるカクテル。やわらかな口当たりの麦焼酎と、ハーブのきいた風味豊かなドランブイが調和されることで、絶妙なおいしさが味わえる。芋や米、そばなど他の焼酎で試してみるのもおもしろい。

| 25度 | 中口 | ビルド |
| オール | オールドファッションド・グラス | |

Non Alcohol Cocktail

ノン・アルコール

アルコールを用いないため、
ソフト・ドリンクとして飲むことができます。
アルコールに弱い人にはもちろん、
ちょっと気分を変えたいときにもおすすめです。

[CONTENTS]

レモネード ……………………………………………… p.196

シンデレラ ……………………………………………… p.196

サマー・クーラー ……………………………………… p.197

サラトガ・クーラー …………………………………… p.197

サンセット・ピーチ …………………………………… p.198

シャーリー・テンプル ………………………………… p.198

スプリング・ブロッサム ……………………………… p.199

フロリダ ………………………………………………… p.199

Part 3　カクテルレシピ　195

定番 レモンのさわやかさが世界中で愛される

Lemonade

レモネード

定番 おとぎ話のプリンセスのような気分に

Cinderella

シンデレラ

材料

■レモン・ジュース	40mℓ
■砂糖	3tsp.
■水	適量

作り方 レモン・ジュースと砂糖を、氷を入れたコリンズ・グラスに入れる。水で満たし、軽くステアする。好みでスライス・レモンを飾る。

ノン・アルコール・カクテルではおなじみのレモネードは、さわやかなレモンの風味が味わえる。お好みで砂糖を減量したり、ソーダに替えたりしても楽しめる。レモンやチェリーを飾っておしゃれに仕上げるのもオツ。

—	中口	ビルド
オール	コリンズ・グラス	

材料

■オレンジ・ジュース	25mℓ
■レモン・ジュース	25mℓ
■パイナップル・ジュース	25mℓ

作り方 シェーカーにすべての材料と氷を入れてシェークし、カクテル・グラスに注ぐ。

3種類の柑橘系フルーツ・ジュースがつくるフルーティな甘酸っぱさと、イエローカラーの見た目の華やかさが楽しめる1杯。おしゃれなカクテル・グラスで、子どものときに夢見たプリンセス気分を思い出しながら堪能して。

—	甘口	シェーク
オール	カクテル・グラス	

ノン・アルコール

暑い夏を涼しく演出する
Summer Cooler
サマー・クーラー

材料
- カシス・シロップ　　　　　20ml
- オレンジ・ジュース　　　　200ml

作り方 シェーカーにすべての材料と氷を入れてシェークし、コリンズ・グラスに注ぐ。

夏の暑い日につい頼んでしまいそうなネーミングをもつこのカクテルは、オレンジ・ジュースとカシス・シロップでつくる、いわばアルコール抜きの「カシス・オレンジ」。アルコール感が欲しいなら、ビターズをほんの少しプラスしてみても。

| — | 甘口 | シェーク |
| オール | コリンズ・グラス | |

爽快感がたまらないさっぱりした1杯
Saratoga Cooler
サラトガ・クーラー

材料
- ライム・ジュース　　　　　20ml
- シュガー・シロップ　　　　1tsp.
- ジンジャー・エール　　　　適量

作り方 ライム・ジュースとシュガー・シロップを、氷を入れたコリンズ・グラスに入れる。冷やしたジンジャー・エールで満たし、軽くステアする。

ジンジャー・エールとライム・ジュースの鉄板の組み合わせは、甘さが控えめなので、口直しをしたいときや気分を変えたいときにおすすめ。辛口のジンジャー・エールを使うと、より爽快に仕上がる。

| — | 中口 | ビルド |
| オール | コリンズ・グラス | |

夕陽を思わせる色合いが美しい

Sunset Peach
サンセット・ピーチ

材料
- ピーチ・ネクター　　　　　　　　45mℓ
- ウーロン茶　　　　　　　　　　　適量
- グレナデン・シロップ　　　　　　1 tsp.

作り方 ▶ ピーチ・ネクターを、氷を入れたコリンズ・グラスに入れる。冷やしたウーロン茶で満たし、軽くステアする。グレナデン・シロップを静かに沈める。

濃厚な甘みが特徴的なピーチ・ネクターとウーロン茶という意外な組み合わせ。夕陽のような美しい色合いとともにクセになる1杯。ちなみに「サンセット・ピーチ」は、ウオッカ・ベースのカクテル。

| ─ | 甘口 | ビルド |
| オール | コリンズ・グラス | |

グレナデン・シロップをさっぱり楽しむ

Shirley Temple
シャーリー・テンプル

材料
- グレナデン・シロップ　　　　　　20mℓ
- ジンジャー・エール（もしくはレモネード）適量

作り方 ▶ グレナデン・シロップを、氷を入れたコリンズ・グラスに入れる。ジンジャー・エール（レモネード）で満たす。かつら剥きにしたレモンの皮を飾っても。

甘みのあるグレナデン・シロップをジンジャー・エールでさっぱりと楽しむ1杯。由来は1930年代の子役女優の名から。ホーセズ・ネック（p.153）のように、かつら剥きにしたレモンの皮を飾って遊び心を取り入れてもよい。

| ─ | 中口 | ビルド |
| オール | コリンズ・グラス | |

ノン・アルコール

春が訪れた喜びを表現したドリンク

Spring Blossom
スプリング・ブロッサム

材料

■ 青リンゴ・ジュース	30㎖
■ ライム・ジュース	15㎖
■ メロン・シロップ	1tsp.
■ ソーダ	適量

作り方 ソーダ以外の材料を、氷を入れたコリンズ・グラスに注ぐ。ソーダで満たし、軽くステアする。

淡いグリーンが新芽を思わせる、春の訪れを表現した青リンゴ・ジュースのカクテル。甘いメロン・シロップを、酸味が心地よいライム・ジュースで引き締める。ソーダも春のウキウキを思わせる。

―	甘口	ビルド
オール	コリンズ・グラス	

甘酸っぱさが人気のドリンク

Florida
フロリダ

材料

■ オレンジ・ジュース	55㎖
■ レモン・ジュース	25㎖
■ 砂糖	1tsp.
■ アンゴスチュラ・ビターズ	2dash

作り方 シェーカーにすべての材料と氷を入れてシェークし、カクテル・グラスに注ぐ。

温暖なフロリダ州で育まれたオレンジを思わせる鮮やかな色合いと、柑橘系の甘酸っぱい味わい。アメリカの禁酒法時代に誕生した。ビターズが入っているため、厳密にはアルコール度数0%ではない。

―	甘口	シェーク
オール	カクテル・グラス	

Column 自宅で楽しむカクテルレシピ

まずは応用のきくベース2本とリキュール1本を揃えましょう。あとは少しの副材料で、さまざまなカクテルがつくれます。

◎ベース2本+リキュール1本でスタート

ベース

ドライ・ジン
ベーシックなスピリッツ。タイプによっても風味が異なる。

ウオッカ
風味はまろやかでクセが少ない。他の酒や副材料が生かしやすい。

リキュール

ホワイト・キュラソー
オレンジの果皮を用いたリキュールで、無色透明だがその香りは甘く芳醇。

パターン1

ベース + リキュール + 副材料

ドライ・ジン + ホワイト・キュラソー

完成カクテル
ホワイト・レディ

材料
- ドライ・ジン　　　　　40㎖
- ホワイト・キュラソー　20㎖
- レモン・ジュース　　　20㎖

>>p.82

パターン2

ベース

ドライ・ジン

＋ 副材料

完成カクテル
ジン・トニック

材料
- ドライ・ジン　　　　　　45㎖
- トニック・ウォーター　　適量
- カット・ライム　　　　　1個

>>p.66

パターン3

ベース　リキュール

ウオッカ　　ホワイト・キュラソー

＋　＋ 副材料

完成カクテル
コスモポリタン

材料
- ウオッカ　　　　　　　　35㎖
- ホワイト・キュラソー　　15㎖
- ライム・ジュース　　　　15㎖
- クランベリー・ジュース　15㎖

>>p.92

パターン4

ベース

ウオッカ

＋ 副材料

完成カクテル
ソルティ・ドッグ

材料
- ウオッカ　　　　　　　　30〜45㎖
- グレープフルーツ・ジュース　適量
- 塩　　　　　　　　　　　適量

>>p.87

Part 3　カクテルレシピ

Cocktail INDEX
カクテル名別索引

	カクテル名	ページ	ベース
あ	アースクェイク	68	ジン
	アイス・ブレーカー	124	テキーラ
	アイリッシュ・コーヒー	134	ウイスキー
	青い珊瑚礁	68	ジン
	アクア	88	ウオッカ
	アップル・ジャック	146	ブランデー
	アフター・ディナー	159	リキュール（フルーツ系）
	アプリコット・カクテル	159	リキュール（フルーツ系）
	アプリコット・クーラー	160	リキュール（フルーツ系）
	アメール・ピコン・ハイボール	167	リキュール（ハーブ・スパイス系）
	アメリカーノ	167	リキュール（ハーブ・スパイス系）
	アメリカン・レモネード	182	ワイン
	アラウンド・ザ・ワールド	69	ジン
	アラスカ	69	ジン
	アレキサンダー	144	ブランデー
	アレキサンダーズ・シスター	70	ジン
	アンバサダー	124	テキーラ
	イースター・エッグ	176	リキュール（特殊系）
	ウイスキー・サワー	134	ウイスキー
	ウイスキー・ソーダ（ハイボール）	135	ウイスキー
	ウイスキー・フロート	119	ウイスキー
	ウイスキー・ミスト	135	ウイスキー
	ウィスパー	136	ウイスキー
	ウオッカ・アップル・ジュース	88	ウオッカ
	ウオッカ・マティーニ	89	ウオッカ
	ウオッカ・リッキー	89	ウオッカ
	エックス・ワイ・ジィ	108	ラム
	エッグノッグ	108	ラム
	エル・ディアブロ	125	テキーラ
	エンジェル・キッス	173	リキュール（ナッツ・種子・核系）
	エンジェル・ティップ	173	リキュール（ナッツ・種子・核系）
	エンジェル・フェイス	70	ジン
	オールド・ファッションド	132	ウイスキー
	オリンピック	146	ブランデー
	オレンジ・フィズ	71	ジン
	オレンジ・ブロッサム	71	ジン
か	カーディナル	182	ワイン
	カイピリーニャ	62	ピンガ
	カカオ・フィズ	174	リキュール（ナッツ・種子・核系）
	カジノ	72	ジン
	カフェ・ド・パリ	72	ジン

カクテル名	ページ	ベース
神風	90	ウオッカ
カリフォルニア・レモネード	136	ウイスキー
カルーア・ミルク	157	リキュール（ナッツ・種子・核系）
カンパリ・オレンジ	168	リキュール（ハーブ・スパイス系）
カンパリ・カクテル	73	ジン
カンパリ・ソーダ	168	リキュール（ハーブ・スパイス系）
カンパリ・ビア	188	ビール
キール	183	ワイン
キール・ロワイヤル	183	ワイン
キス・オブ・ファイアー	90	ウオッカ
キッス・イン・ザ・ダーク	73	ジン
ギブソン	74	ジン
ギムレット	67	ジン
キャロル	147	ブランデー
キューバ・リバー	106	ラム
キューバ・リバー・シュプリーム	160	リキュール（フルーツ系）
キルシュ・カシス	161	リキュール（フルーツ系）
クラシック	147	ブランデー
クラシック・ドライ・マティーニ	74	ジン
グラスホッパー	169	リキュール（ハーブ・スパイス系）
クランベリー・クーラー	174	リキュール（ナッツ・種子・核系）
グラン・マルニエ・マルガリータ	125	テキーラ
グリーン・アイズ	109	ラム
グリーン・シー	91	ウオッカ
グリーン・スパイダー	91	ウオッカ
ケンタッキー	137	ウイスキー
コープス・リバイバー	148	ブランデー
ゴーリキー・パーク	178	ウオッカ
ゴールデン・キャデラック	169	リキュール（ハーブ・スパイス系）
ゴールデン・ドリーム	170	リキュール（ハーブ・スパイス系）
コスモポリタン	92	ウオッカ
コスモポリタン・マティーニ	75	ジン
ゴッドファーザー	137	ウイスキー
ゴッドマザー	92	ウオッカ
コロンブス	109	ラム
コンチータ	126	テキーラ
さ サイドカー	145	ブランデー
サケティーニ	191	日本酒
薩摩小町	192	焼酎
サマー・クーラー	197	ノン・アルコール
サムライ	192	日本酒
サラトガ・クーラー	197	ノン・アルコール
サンセット・ビーチ	198	ノン・アルコール
シー・ブリーズ	93	ウオッカ
ジェイ・エフ・ケー	75	ジン
シカゴ	148	ブランデー
シクラメン	126	テキーラ
ジプシー	93	ウオッカ

	カクテル名	ページ	ベース
	シャーリー・テンプル	198	ノン・アルコール
	ジャック・ター	179	ラム
	ジャック・ローズ	149	ブランデー
	シャンディ・ガフ	187	ビール
	シャンハイ	110	ラム
	シャンパン・カクテル	184	ワイン
	ジョージア・コリンズ	161	リキュール（フルーツ系）
	ジョン・コリンズ	138	ウイスキー
	ジン・アンド・イット	76	ジン
	シンガポール・スリング	76	ジン
	ジン・デイジー	77	ジン
	シンデレラ	196	ノン・アルコール
	ジン・トニック	66	ジン
	ジン・バック	77	ジン
	ジン・フィズ	78	ジン
	ジン・リッキー	78	ジン
	スイート・メモリー	179	リキュール（フルーツ系）
	スーズ・トニック	170	リキュール（ハーブ・スパイス系）
	ズーム・カクテル	149	ブランデー
	スカーレット・オハラ	162	リキュール（フルーツ系）
	スカイ・ダイビング	110	ラム
	スクリュードライバー	94	ウオッカ
	スコーピオン	111	ラム
	スティンガー	144	ブランデー
	スノー・ボール	176	リキュール（特殊系）
	スプモーニ	171	リキュール（ハーブ・スパイス系）
	スプリッツァー	184	ワイン
	スプリング・ブロッサム	199	ノン・アルコール
	スリー・ミラーズ	150	ブランデー
	スロー・ジン・フィズ	162	リキュール（フルーツ系）
	セックス・オン・ザ・ビーチ	94	ウオッカ
	セブンス・ヘブン	79	ジン
	ソルティ・ドッグ	87	ウオッカ
	ソルティ・ブル	127	テキーラ
た	ダーティ・マティーニ	79	ジン
	ダイキリ	106	ラム
	チチ	95	ウオッカ
	チャーリー・チャップリン	157	リキュール（フルーツ系）
	チャイナ・ブルー	163	リキュール（フルーツ系）
	酎ティーニ	193	焼酎
	ディタモーニ	163	リキュール（フルーツ系）
	テキーラ・サンセット	127	テキーラ
	テキーラ・サンライズ	122	テキーラ
	デビル	150	ブランデー
	ドッグズ・ノーズ	188	ビール
	トム・コリンズ	80	ジン
な	ナイト・キャップ	151	ブランデー
	ニューヨーク	138	ウイスキー

	カクテル名	ページ	ベース
	ネグローニ	80	ジン
	ネバダ	111	ラム
	ノックアウト	118	ジン
は	ハーバード・クーラー	151	ブランデー
	バーバラ	95	ウオッカ
	パール・ハーバー	164	リキュール（フルーツ系）
	バイオレット・フィズ	171	リキュール（ハーブ・スパイス系）
	ハイランド・クーラー	139	ウイスキー
	バカルディ・カクテル	112	ラム
	パスティス・ウォーター	172	リキュール（ハーブ・スパイス系）
	パナシェ	96	ウオッカ
	ハネムーン	152	ブランデー
	ハバナ・ビーチ	112	ラム
	パラダイス	81	ジン
	バラライカ	87	ウオッカ
	バレンシア	164	リキュール（フルーツ系）
	ハンター	139	ウイスキー
	ビア・スプリッツァー	189	ビール
	ピーチ・ブロッサム	165	リキュール（フルーツ系）
	ビトウィン・ザ・シーツ	152	ブランデー
	ピニャ・カラーダ	113	ラム
	ピンク・レディ	81	ジン
	ファジー・ネーブル	156	リキュール（フルーツ系）
	ファンタスティック・レマン	178	日本酒
	ブラック・デビル	113	ラム
	ブラック・ベルベッド	189	ビール
	ブラック・ルシアン	96	ウオッカ
	ブラッディ・メアリー	97	ウオッカ
	フラミンゴ・レディ	97	ウオッカ
	ブランデー・エッグ・ノッグ	119	ブランデー
	ブルー・ハワイ	114	ラム
	ブルー・マンデー	98	ウオッカ
	ブルー・ムーン	82	ジン
	ブルー・ラグーン	98	ウオッカ
	ブルー・レディ	165	リキュール（フルーツ系）
	ブルショット	99	ウオッカ
	ブルドッグ	99	ウオッカ
	フレンチ・コネクション	153	ブランデー
	フローズン・ダイキリ	114	ラム
	フローズン・マルガリータ	128	テキーラ
	フロリダ	199	ノン・アルコール
	ベイ・ブリーズ	100	ウオッカ
	ペシェグルト	177	リキュール（特殊系）
	ベネディクト	140	ウイスキー
	ベリーニ	185	ワイン
	ベルモット・アンド・カシス	185	ワイン
	ホーセズ・ネック	153	ブランデー
	ボストン・クーラー	115	ラム

	カクテル名	ページ	ベース
	ボッチ・ボール	175	リキュール（ナッツ・種子・核系）
	ホット・イタリアン	175	リキュール（ナッツ・種子・核系）
	ホット・ウイスキー・トディ	140	ウイスキー
	ホワイト・スパイダー	100	ウオッカ
	ホワイト・ルシアン	101	ウオッカ
	ホワイト・レディ	82	ジン
ま	マイアミ	115	ラム
	マイアミ・ビーチ	141	ウイスキー
	マイタイ	116	ラム
	マザーズタッチ	177	リキュール（特殊系）
	マタドール	128	テキーラ
	マティーニ	67	ジン
	マドラス	101	ウオッカ
	マルガリータ	123	テキーラ
	マンハッタン	133	ウイスキー
	ミッドナイト・サン	102	ウオッカ
	ミモザ	181	ワイン
	ミリオネーア	116	ラム
	ミリオン・ダラー	83	ジン
	ミント・ジュレップ	141	ウイスキー
	ミント・フラッペ	172	リキュール（ハーブ・スパイス系）
	村雨	193	焼酎
	メキシカン	129	テキーラ
	モスコー・ミュール	86	ウオッカ
	モッキンバード	122	テキーラ
	モヒート	107	ラム
や	雪国	102	ウオッカ
	ユニオン・ジャック	158	リキュール（Mix系）
ら	ライジング・サン	129	テキーラ
	ラスティ・ネイル	132	ウイスキー
	ラスト・キッス	117	ラム
	ラスト・サムライ	191	焼酎
	ラム・コリンズ	117	ラム
	ラ・ルメール	118	テキーラ
	ルビー・フィズ	166	リキュール（フルーツ系）
	レインボー	158	リキュール（Mix系）
	レッド・アイ	187	ビール
	レット・バトラー	166	リキュール（フルーツ系）
	レモネード	196	ノン・アルコール
	ロードランナー	103	ウオッカ
	ロベルタ	103	ウオッカ
	ロングアイランド・アイスティ	83	ジン
わ	ワイン・クーラー	181	ワイン

問い合わせ先リスト (50音順)

アサヒビール (株)
☎0120-011-121　http://www.asahibeer.co.jp/

MHD モエ ヘネシー ディアジオ (株)
http://www.mhdkk.com

キリンビール (株)
☎0120-111-560　http://www.kirin.co.jp/

サッポロビール (株)
☎0120-207800　http://www.sapporobeer.jp/

サントリー
☎0120-139-310　http://www.suntory.co.jp/

ドーバー洋酒貿易 (株)
☎03-3469-2111　http://www.dover.co.jp/

ペルノ・リカール・ジャパン
☎03-5802-2671　http://www.pernod-ricard-japan.com/

レミー コアントロー ジャパン (株)
☎03-6441-3025　http://www.rcjkk.com/

参考図書

『いちばんおいしいカクテルの公式』渡邉一也(日本文芸社)、『新版NBAオフィシャルカクテルブック』社団法人日本バーテンダー協会(柴田書店)、『カクテル&スピリッツの教科書』橋口孝司(新星出版社)、『カクテル完全バイブル』渡邉一也(ナツメ社)、『カクテル こだわりの178種』稲保幸(新星出版社)、『カクテル事典315種』稲保幸(新星出版社)、『カクテル大事典800』(成美堂出版)、『カクテル手帳』上田和男(東京書籍)、『カクテル百科』山崎博正(成美堂出版)、『カクテル・ベストセレクション250』若松誠志(日本文芸社)、『カクテル400 スタンダードからオリジナルまで』中村健二(主婦の友社)、『スピリッツ銘酒事典』橋口孝司(新星出版社)、『ラルース酒事典』(柴田書店)、『リキュールブック』福西英三(柴田書店)

<撮影協力>
アサヒビール株式会社

<STAFF>
写真／ピノグリ（橋口健志、関根 統）
イラスト／根岸美帆
デザイン／大谷孝久（cavach）
執筆協力／入江弘子、加茂直美、富江弘幸、矢野竜広
校正／長谷川智子
編集・構成／株式会社スリーシーズン（大友美雪、川村真央）
企画・編集／山本雅之（株式会社マイナビ出版）、成田晴香（株式会社マイナビ出版：底本編集）

<監修>
Cocktail 15番地
1989年オープン。銀座のオーセンティック・バーとしての格調をもちながら、親しみのあるバーとして人気。
東京都中央区銀座8-5-15 スパックスビル2F

斎藤 都斗武
1961年生まれ、山形県出身。15番地オーナー・バーテンダー。日本バーテンダースクール卒業後、伝説のバー「スミノフ」にて元日本バーテンダー協会会長・岩瀬庄治氏に師事する。独立後、「Cocktail 15番地」を開店。現在は3店舗のバーを経営している。

佐藤 淳
1962年生まれ、山形県出身。日本バーテンダースクールを卒業後、斎藤都斗武氏に師事し、カクテルを学ぶ。現在は15番地の店長バーテンダーとしてカウンターに立つ。

【新版】銀座のバーが教える　厳選カクテル図鑑
2024年 9月20日　初版第1刷　発行

監修者　Cocktail 15番地 斎藤 都斗武、佐藤 淳
発行者　角竹輝紀
発行所　株式会社マイナビ出版
　　　　〒101-0003 東京都千代田区一ツ橋2-6-3 一ツ橋ビル2F
　　　　TEL：0480-38-6872（注文専用ダイヤル）
　　　　TEL：03-3556-2731（販売部）
　　　　TEL：03-3556-2735（編集部）
　　　　E-mail：pc-books@mynavi.jp
　　　　URL：https://book.mynavi.jp

印刷・製本　株式会社大丸グラフィックス

注意事項について

- 本書の一部または全部について個人で使用するほかは、著作権法上、著作権者および（株）マイナビ出版の承諾を得ずに無断で複写、複製することは禁じられております。
- 本書についてのご質問等ございましたら、上記メールアドレスにお問い合わせください。インターネット環境のない方は、往復はがきまたは返信用切手、返信用封筒を同封の上、（株）マイナビ出版 編集第3部書籍編集2課までお送りください。
- 乱丁・落丁についてのお問い合わせは、TEL：0480-38-6872（注文専用ダイヤル）、電子メール：sas@mynavi.jpまでお願いいたします。
- 本書の記載は2017年1月現在の情報に基づいております。そのためお客さまがご利用されるときには、情報が変更されている場合もあります。
- 本書中の会社名、商品名は、該当する会社の商標または登録商標です。

※本書は2017年2月発行の『銀座のバーが教える　厳選カクテル図鑑』の新版です。内容は同じものになりますので、あらかじめご了承ください。

定価はカバーに記載しております。
©3season Co.,Ltd 2024
©Mynavi Publishing Corporation
ISBN978-4-8399-8770-1 C2077
Printed in Japan